Franz Ziegler

Plätzchen

Süß und pikant

Plätzchen

Franz Ziegler

Süß und pikant

MATTHAES VERLAG GMBH

INHALT

sweet things
from my kitchen

FRANZ ZIEGLER

Konditor von Weltruf. Unternehmer. Pädagoge.
Mentor. Autor.
International hoch geschätzter Künstler.

www.franzziegler.ch

Heißgeliebte Plätzchen

Nichts macht so viel Spaß wie Plätzchenbacken! Selbst ausgesprochene Backmuffel kramen einmal im Jahr Mehl, Butter und Eier hervor (oder kaufen sich heimlich fertigen Teig im Supermarkt) und backen ein, zwei, drei Sorten Plätzchen – vor Weihnachten nämlich. In manchen Familien ist das Plätzchenbacken im Advent eine lieb gewonnene Tradition, die die Generationen vereint.

Plätzchen und andere feine, kleine Gebäcke sind aber das ganze Jahr über ein wunderbares Küchen- und Genussvergnügen. Sie sind schnell gemacht ohne komplizierte Geräte und Zutaten, sehen hübsch aus, lassen sich prima verschenken und sind stets parat, wenn Besuch zum Kaffee oder Tee kommt. Und wer Kinder hat, weiß, dass das Herumkneten im Teig (und das Naschen!) ihnen eine Riesenfreude macht. Außerdem: Plätzchenbacken entspannt, klärt die Gedanken und macht immer auch ein bisschen glücklich. Fast könnte man sagen: Es ist eine Art Küchen-Yoga.

In diesem Buch steckt sehr viel von meiner Kreativität und meinem Wissen, als Buchautor und als Profi-Konditor. Ich habe versucht, die Zubereitung so zu vereinfachen, dass wirklich alle diese feinen Rezepte nachbacken können. Und es ist mir eine große Freude, mein erstes Buch für Hobby-Plätzchen-Bäckerinnen und -Bäcker auf dem Markt zu sehen.

Plätzchen kann man noch nicht am Computer ausdrucken, es braucht immer noch alle unsere Sinne, um die Arbeitsschritte zu überwachen. Darum noch ein Tipp, bevor Sie sich ans Werk machen: Jeder Backofen bäckt anders. Bitte überprüfen Sie den Grad der Bräunung der Plätzchen bereits ein bis zwei Minuten vor der angegebenen Backzeit. Seien Sie nicht verwundert, wenn ein Plätzchen zwei Minuten weniger oder mehr Backzeit benötigt, als angegeben.

Und wenn Sie dann Ihr Erfolgserlebnis aus dem Ofen ziehen und so glücklich sind wie schon lange nicht mehr, dann haben sie Guetzli*-Nirvana erreicht.

Viel Spaß und gutes Gelingen wünscht Ihnen Ihr

*Guetzli ist der Schweizer Name für Plätzchen.

MÜRBEteig

ZERGEHT WIE BUTTER AUF DER ZUNGE *

*Der Mürbeteig ist der ideale Teig für feine Plätzchen, die auf der Zunge zergehen, aber auch für Tartes und Tortenböden. Das richtige Mischungsverhältnis von Fett, Mehl, Ei und Zucker macht ihn zu einem zarten Genuss. Damit er so richtig gut schmeckt, sollte er mit der besten Butter zubereitet werden, die Sie finden können. Im Grunde genommen ist der Mürbeteig nicht kompliziert, solange er möglichst kurz bearbeitet wird und nach dem Anmischen mindestens eine Stunde im Kühlschrank ruhen darf.

Mürbeteig ist idealerweise zart und mürbe – wie der Name schon sagt. Wo liegt aber das Geheimnis eines perfekten Mürbeteigs, und worauf muss während der Herstellung geachtet werden? Der Schlüssel liegt im Gluten, dem Klebereiweiß. In einem Hefeteig ist es verantwortlich dafür, dass der Teig so richtig schön elastisch wird. In einem Mürbeteig darf es seine Wirkung aber möglichst wenig entfalten. Dazu ist es wichtig, den Teig ganz wenig zu bearbeiten. Deshalb die kalte Butter, und deshalb wird der Teig auf einer kalten Arbeitsfläche eigentlich nur gemischt, nicht geknetet.

FEINE *Sandkekse*

ZUTATEN	ZUBEREITUNG
400 G BUTTER, ZIMMERWARM 160 G PUDERZUCKER 1/2 TL SALZ 2 EIGELB MARK EINER VANILLESCHOTE 450 G MEHL 1 EIWEISS 50 G ZUCKER	Butter mit Puderzucker schaumig rühren, Salz, Eigelb und Vanille unterrühren, Mehl zugeben und kurz unterrühren. Diesen Teig in 4 Stücke teilen, je eine 40 cm lange Rolle herstellen, einige Stunden im Kühlschrank stehen lassen, dann mit Eiweiß bestreichen und in Zucker rollen. In Stücke von 1,5 cm Dicke schneiden und auf ein mit Backpapier belegtes Blech geben. Mit dem Daumen die Mitte des Kekses etwas eindrücken. *Backtemperatur: 190 °C* *Backzeit: etwa 12 Minuten.*

ORANGEAT

Orangeat wird wie das Zitronat durch Confieren hergestellt, und zwar aus der Schale von Bitterorangen, auch Pomeranzen genannt. Die weiße Innenhaut wird entfernt, sodass nur noch die farbige Schale übrig bleibt. Sie enthält besonders viel ätherisches Öl und schmeckt sehr intensiv.

FRISCHE VANILLE MACHT'S!

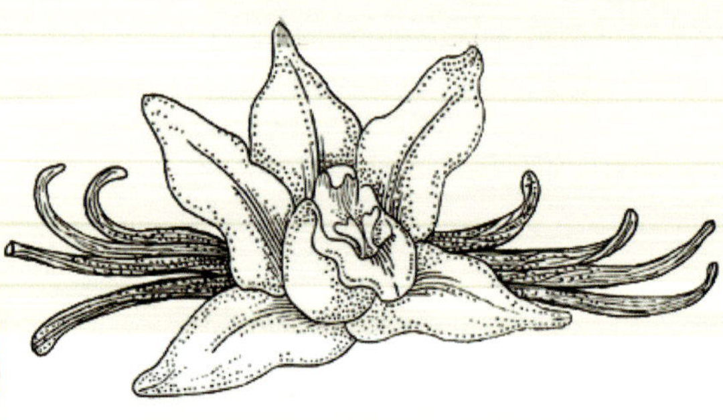

VARIANTEN

Orangenkekse

350 g Orangeat (mariniert in Cointreau) zum Teig geben.

Zitronenkekse

350 g Zitronat sowie abgeriebene **Schale** von **2 Zitronen** zum Teig geben.

Kandieren oder confieren?

Diese zwei Herstellungsverfahren zur Haltbarmachung von Früchten werden oft verwechselt. Beim Confieren wird der Fruchtsaft nach und nach durch einen schweren Zuckersirup ausgetauscht. Bei dieser Methode darf die Frucht am Ende keine spürbaren Zuckerkristalle mehr aufweisen. Beim Kandieren wird die Frucht mit einer dünnen Zuckerkristallschicht überzogen. Der Zuckergehalt von Zitronat und Orangeat beträgt mindestens 65 Prozent.

Schokoladenkekse

60 g Mehl durch **60 g Kakaopulver** ersetzen.

Nusskekse

250 g gehackte Nüsse (nach Geschmack Walnüsse, Mandeln ...) zum Teig geben.

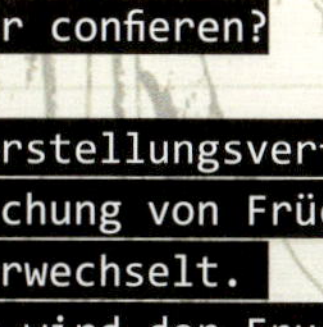

ZITRONAT:

Zitronat wird aus einer besonderen Zitronenart hergestellt, der Cedrata. Das ist die Frucht des Zedratbaums, der in Italien, auf Korsika und in Griechenland wächst. Die Cedrata ist viel größer als normale Zitrusfrüchte, sie kann bis zu 3 Kilo schwer werden. Und ihre Schale ist auch wesentlich dicker. Durch Confieren wird Zitronat daraus gemacht.

Grand Cru heißt wörtlich übersetzt »großes Gewächs«. Hauptsächlich kennt man diesen Begriff aus der Fachsprache für Wein. Inzwischen wird er aber auch benutzt, um Kaffee und Schokolade von besonders hoher Qualität zu beschreiben. Das Grand-Cru-Konzept stammt aus der Schweiz, wo es Felchlin 1999 als erster Schokoladenproduzent einführte. Felchlin war auch der Erste, der eine Sprache für den Geschmack und das Mundgefühl von Schokolade entwickelte. Er wurde durch seine konsequent hohen Qualitätsansprüche an Sorten, Herkunft, faire Gewinnung des Kakaos und eine schonende Verarbeitung zu einem der weltweit führenden Schokoladenhersteller.

Passionata

ZUTATEN

250 G BUTTER, ZIMMERWARM
200 G PUDERZUCKER
5 KLEINE EIER
250 G MEHL
50 G STÄRKEMEHL

ZUBEREITUNG

Butter zusammen mit Puderzucker schaumig rühren. Die Eier nach und nach zugeben. Das Mehl mit dem Stärkemehl sieben und vorsichtig unter die Masse heben. Plätzchen mit einem Spritzbeutel auf ein mit Backpapier belegtes Blech aufspritzen

BACKEN

Backtemperatur: 210 °C
Backzeit: etwa 12 Minuten

Ein Täfelchen Grand-Cru-Schokolade lässt sich gerne von zwei so knackigen Plätzchen ins Sandwich nehmen.

Frabili

Dieses Gebäck ist nicht sehr süß, dadurch ist es ganz besonders mürb und zart. Es sollte trocken gelagert werden.

ZUTATEN

400 G BUTTER, ZIMMERWARM
150 G ZUCKER
7 EIGELB
150 G MEHL
150 G STÄRKE
1 EI

ZUBEREITUNG

Butter mit Zucker cremig rühren. Eigelb nach und nach zugeben. Mehl und Stärke sieben und unter die Masse ziehen. Teig in Klarsichtfolie einpacken und eine Stunde kühl stellen. Teig 4 mm dick ausrollen. Mit einem Gitter ein Muster auf die Teigoberfläche zeichnen und mit gezacktem Ausstecher in der gewünschten Größe ausstechen. Plätzchen vor dem Backen mit Ei einstreichen.

BACKEN

Backtemperatur: 160 °C
Backzeit: etwa 25 Minuten.

Die Plätzchen dürfen nicht zu dunkel werden.

Soleil

ZUTATEN

ZUBEREITUNG

LINZER TEIG
40 G HASELNÜSSE
250 G BUTTER
120 G PUDERZUCKER
60 G ABGERIEBENE ORANGENSCHALE
1 EL VANILLEZUCKER
1 TL ABGERIEBENE ZITRONENSCHALE
1 TL ZIMT
½ TL NELKEN
1 MESSERSPITZE SALZ
3 KLEINE EIER
120 G HASELNÜSSE, GEMAHLEN
230 G HIPPENBRUCH, FEIN GERIEBEN
(REZEPT SEITE 43)
120 G MEHL

Haselnüsse in einer Pfanne ohne Fett rösten, abkühlen lassen, dann fein mahlen. Butter, Puderzucker, Orangenschalenabrieb, Vanillezucker, Zitronenschalenabrieb, Zimt, Nelken und Salz miteinander cremig rühren. Eier nach und nach zugeben. Die gemahlenen gerösteten und ungerösteten Haselnüsse sowie das Hippenpulver zugeben. Das Mehl vorsichtig unter die Masse heben. Masse direkt auf eine Backmatte aufspritzen und backen.

KUVERTÜREKREISE
200 DUNKLE KUVERTÜRE

Die Kuvertüre schmelzen und dünn auf eine Plastikfolie aufstreichen. Kreise von 5 cm Durchmesser ausstechen. Kühlen.

ORANGENFÜLLUNG
80 G ORANGENKONFITÜRE

Linzerplätzchen auf einen Kuvertürekreis aufsetzen und mit Orangenkonfitüre füllen.

BACKEN

Backtemperatur: 210 °C
Backzeit: etwa 10 Minuten

Der Sommer ruft

Für eine Sommervariante dieser knusprigen Verführung kann ein Teil des Orangensafts durch Passionsfruchtsaft ersetzt werden.

Orangen-Schokoladen-Keks

Zutaten

- 60 g Butter, zimmerwarm
- 1 Eigelb
- 110 g Zucker
- 60 g Mandeln, gemahlen
- 3 TL abgeriebene Schale von einer Orange
- 60 g Orangensaft
- 80 g Mehl
- 2 TL Backpulver
- 150 g dunkle Kuvertüre

Zubereitung

Butter mit Eigelb und Zucker schaumig rühren. Mandeln, Orangenabrieb und Orangensaft zugeben und glattrühren. Das Mehl mit dem Backpulver mischen und unterarbeiten. Mit einem Spritzbeutel Kreise auf Backpapier aufspritzen und backen.
Plätzchen auskühlen lassen, Kuvertüre schmelzen. Plätzchen zur Hälfte in die Kuvertüre tauchen und abtropfen lassen. Für kurze Zeit im Kühlschrank fest werden lassen, dann gut verschlossen lagern.

Backen

Backtemperatur: 210 °C
Backzeit: etwa 10 Minuten

MMMMHHH … ES WIRD SÜSSSSS

Circo

ZUTATEN

ZUBEREITUNG

BUTTERMASSE

- 150 G BUTTER, ZIMMERWARM
- 200 G PUDERZUCKER
- 4 EIWEISS
- 210 G MEHL
- 70 G STÄRKEMEHL

Butter mit Puderzucker schaumig rühren. Eiweiß nach und nach zugeben. Mehl und Stärkemehl vorsichtig unter die Masse mischen.

KARAMELL

- 100 G BUTTER
- 130 G BRAUNER ROHRZUCKER
- 130 G HONIG
- 130 G MANDELN, GEHOBELT

Butter, mit Rohrzucker und Honig zu einem hellen Karamell kochen, dann gehobelte Mandeln zugeben.

FERTIGSTELLUNG

Buttermasse kreisförmig mit einem feinen Spritzbeutel auf Backpapier aufspritzen. Mit einem Löffel den Karamell in die Mitte einfüllen.

BACKEN

Backtemperatur: 200 °C
Backzeit: etwa 10 Minuten

Großmutters Rosenküchlein

Alte Liebe rostet nicht

ZUTATEN	ZUBEREITUNG
3 EIER 3 EL ZUCKER 1 PÄCKCHEN VANILLEZUCKER ½ TL SALZ 1/8 L MILCH 3–4 EL WASSER 180 G MEHL	Alle Zutaten zu einem sehr weichen Teig rühren. Die Masse zugedeckt im Kühlschrank 1 Stunde ruhen lassen. Das Rosenküchlein-Eisen im 180 °C heißen Öl anwärmen, dann direkt in die Masse tunken und sofort wieder in die Fritteuse geben. Wenn die Küchlein einen goldgelben Rand haben, das Eisen aus dem Öl nehmen. Mit einem Messer das Gebäck vom Eisen lösen.
PUDERZUCKER	Mit Puderzucker bestäuben.

Dieses Gebäck erinnert so richtig schön an alte Zeiten. Es ist kaum süß und äußerst mürb und knusprig.

Die Rosenküchleinform ist im gut sortierten Haushaltswarenladen oder online unproblematisch zu beziehen.

Linzer Plätzchen

ZUTATEN

- 40 G HASELNÜSSE
- 250 G BUTTER
- 120 G PUDERZUCKER
- 60 G ABGERIEBENE ORANGENSCHALE
- 2 TL VANILLEZUCKER
- 1 TL ABGERIEBENE ZITRONENSCHALE
- 1 TL ZIMT
- ½ TL NELKEN
- 1 MESSERSPITZE SALZ
- 3 KLEINE EIER
- 120 G HASELNÜSSE, FEIN GEMAHLEN
- 230 G HIPPENBRUCH, FEIN GERIEBEN
- 90 G MEHL

ZUBEREITUNG

Haselnüsse in einer Pfanne ohne Fett rösten, abkühlen lassen, dann fein mahlen. Butter, Puderzucker, Orangenschalenabrieb, Vanillezucker, Zitronenschalenabrieb, Zimt, Nelken und Salz miteinander cremig rühren. Eier nach und nach zugeben. Die gemahlenen gerösteten und ungerösteten Haselnüsse sowie das Hippenpulver zugeben. Das Mehl vorsichtig unter die Masse heben.

Kleine Savarin-Silpat-Backformen mit Butter auspinseln. Etwas geriebenen Hippenbruch einstreuen und die Linzer-Masse mit dem Spritzbeutel in die Formen füllen.

Die Linzer Plätzchen nach dem Backen sofort aus der Form nehmen und mit Johannisbeerkonfitüre füllen. Wenn die Plätzchen ausgekühlt sind, den Boden in erwärmte Kuvertüre tauchen und abtropfen lassen.

FERTIGSTELLUNG

- 100 G JOHANNISBEERKONFITÜRE
- 150 G DUNKLE KUVERTÜRE

BACKEN

Backtemperatur: 210 °C
Backzeit: etwa 12 Minuten

Hippen kennen die meisten von uns am ehesten aus der Eisdiele. Dort stecken die feinen knusprigen Röhrchen als Dekoration im Eisbecher. Das Interessante an diesem Teig ist, dass er unmittelbar nach dem Backen noch weich und formbar ist. Erst wenn er abkühlt, wird er knusprig und mürbe.
Hippenmasse besteht aus Mehl, gesiebtem Puderzucker, Milch und Eiweiß. Wie ein normaler Mürbeteig muss die Mischung vor dem Verarbeiten an einem kühlen Ort ruhen.

LINZER-MARZIPAN-PLÄTZCHEN

ZUTATEN / ZUBEREITUNG

LINZER BÖDEN

450 G BUTTER
250 G BRAUNER ROHRZUCKER
750 G MEHL
250 G MANDELN, GEMAHLEN
JE 1 MESSERSPITZE ZIMT, NELKEN, ZITRONENABRIEB, MUSKAT
2 EIER
2 EIGELB

Butter mit Rohrzucker, Mehl, Mandeln, Zimt, Nelken, Zitronenabrieb und Muskat vermischen. Eier und Eigelb zugeben und zum Teig kneten. Teig in Klarsichtfolie wickeln und kühl stellen. Teig auf 3 mm ausrollen, Kreise ausstechen und auf ein mit Backpapier belegtes Blech setzen.

BACKEN

Backtemperatur: 190°C
Backzeit: etwa 10 Minutem

MARZIPAN

500 G MARZIPAN
50 G AMARETTO (MANDELLIKÖR)
50 G KROKANT, GROB
200 G DUNKLE KUVERTÜRE

Marzipan in der Mikrowelle 20 Sekunden erwärmen, mit Amaretto weich kneten, groben Krokant daruntergeben. Das Marzipan mit Sterntülle auf die gebackenen Linzer Böden aufspritzen. Marzipan etwas antrocknen lassen. Konfekt mit Kuvertüre garnieren.

Das Marzipan trocknet sehr leicht aus. Die Plätzchen sollten frisch gegessen werden.

Der Name Marzipan bedeutet wörtlich übersetzt »Mandelbrot«. Und das trifft den Charakter dieser feinen, festen Masse ganz gut. Marzipanrohmasse besteht aus sehr fein gemahlenen Mandeln und feinstem Zucker. Die Mischung wird erhitzt, um das Wasser zu entziehen. Die meisten Firmen, die Marzipan herstellen, hüten sowohl die genaue Mischung der Zutaten als auch die Tricks bei der Herstellung als Betriebsgeheimnis. Wer echtes Marzipankonfekt herstellen will, sollte sich nicht mit der Marzipanqualität aus dem Backzutatenregal des Supermarkts zufriedengeben, sondern beim Konditor fragen, ob er echte Rohmasse bekommen kann. Sie ist wesentlich feiner im Geschmack.

BIRCHERMÜSLI-COOKIES

ZUTATEN

- 90 G SULTANINEN
- 90 G GETROCKNETE APRIKOSEN
- 270 G BUTTER, ZIMMERWARM
- 270 G BRAUNER ROHRZUCKER
- 1 MESSERSPITZE SALZ
- 2 GROSSE EIER
- 200 G MEHL
- 2 TL BACKPULVER
- 150 G HAFERFLOCKEN

ZUBEREITUNG

Sultaninen in heißem Wasser einweichen, getrocknete Aprikosen einweichen, abtropfen und fein würfeln. Butter mit Rohrzucker glatt rühren, Salz und Eier zugeben und verrühren. Mehl und Backpulver mischen, sieben und zugeben. Haferflocken, abgetropfte Sultaninen und Aprikosen zugeben und alles glatt rühren. Den weichen Teig mit einem Löffel portionsweise auf das mit Backpapier belegte Blech geben und die Kekse leicht flach drücken. Nach dem Backen auf einem Gitter auskühlen lassen

BACKEN

Backtemperatur: 180 °C
Backzeit: etwa 10 Minuten

Quadro

ZUBEREITUNG

Zitronat fein hacken. Zucker mit Wasser aufkochen. Zitronenabrieb, Zitronensaft, Honig und Zitronenöl in den heißen Zucker rühren. Das Zitronat zufügen und Masse auf 40 °C abkühlen lassen. Jetzt Mehl zugeben und einen Teig kneten. Falls der Teig zu fest ist, noch ein paar Esslöffel Wasser zugeben. Zuletzt den restlichen Zucker unter die Masse mischen. Teig zwischen 2 Lagen Backpapier 4 mm dick ausrollen. In Quadrate schneiden. In der Mitte einen kleinen Kreis ausstechen (geht bestens mit der Tülle des Spitzbeutels). Plätzchen auf ein mit Backpapier belegtes Blech setzen und mit Wasser bestreichen.

BACKEN

Backtemperatur: 190 °C bei geöffneter Backofentür
Backzeit: etwa 20 Minuten

Knusprig ausbacken und nach dem Abkühlen in einer Dose aufbewahren.

ZUTATEN

50 G ZITRONAT
250 G ZUCKER
80 ML WASSER
ABGERIEBENE SCHALE VON EINER ZITRONE
30 ML ZITRONENSAFT
50 G HONIG
EINIGE TROPFEN ZITRONENÖL
300 G MEHL
50 G ZUCKER

Frutto

ZUTATEN

- 50 G APRIKOSEN, GETROCKNET
- 50 G FEIGEN, GETROCKNET
- 50 G DATTELN
- 50 G ROSINEN
- 100 ML RUM
- 100 G BUTTER
- 125 G BRAUNER ROHRZUCKER
- MARK EINER HALBEN VANILLESCHOTE
- 1 PRISE MEERSALZ
- 1 EI
- 50 G KOKOSRASPEL
- 120 G WEIZENVOLLKORNMEHL
- 60 G CORNFLAKES
- 1 TL BACKPULVER

ZUBEREITUNG

Aprikosen, Feigen, Datteln und Rosinen fein würfeln und über Nacht in Rum einlegen. Butter, Rohrzucker, Vanillemark, Meersalz und das Ei miteinander mischen und schaumig rühren. Die eingelegten Trockenfrüchte sowie die Kokosraspel beifügen. Weizenvollkornmehl, Cornflakes und Backpulver unter die schaumig gerührte Masse ziehen. Mit einem Löffel kleine Häufchen mit genügend Abstand (das Gebäck verläuft beim Backen!) auf ein mit Backpapier belegtes Blech geben.

BACKEN

Backtemperatur: 200 °C
Backzeit: etwa 8 Minuten

FRUCHTGENUSS PUR!!!

Butter Rose

… Stapelweiser Genuss …

Zutaten

Zubereitung

MÜRBETEIGTALER

400 G BUTTER, ZIMMERWARM
150 G ZUCKER
7 EIGELB
150 G MEHL
150 G STÄRKE
1 EI

Butter mit Zucker cremig rühren. Eigelb nach und nach zugeben. Mehl und Stärke sieben und unter die Masse ziehen. Teig in Klarsichtfolie einpacken und eine Stunde kühl stellen. Teig 3 mm dick ausrollen. 3 bis 4 cm große Kreise ausstechen und auf ein mit Backpapier belegtes Blech legen. Die Plätzchen vor dem Backen mit Ei einstreichen.

BUTTER-ROSETTE

200 G BUTTER, ZIMMERWARM
150 G ZUCKER
150 G MANDELN, GEMAHLEN
ABGERIEBENE SCHALE VON EINER ORANGE
1 EIWEISS
150 G MEHL
50 G STÄRKE

Butter mit Zucker schaumig rühren. Mandeln und Orangenabrieb zugeben, das Eiweiß einrühren. Mehl und Stärke sieben und unterziehen.
Masse mit dem Spitzbeutel etwas kleiner als die Mürbeteigkreise auf Backpapier aufspritzen.

FERTIGSTELLUNG

200 G NOUGAT

Nach dem Backen und Abkühlen den Nougat leicht anwärmen, sodass er streichbar ist. Je Mürbeteigtaler etwas Nougat aufstreichen, eine Butter-Rosette aufsetzen und leicht andrücken.

Backen

Backtemperatur für die Plätzchen: 160 °C
Backzeit: etwa 22 Minuten. Plätzchen hell ausbacken.

Backtemperatur für die Rosetten: 210 °C
Backzeit: etwa 10 Minuten

Es gibt eine große Auswahl toller Nusscremes, z.B. Cashewcreme, Haselnusscreme oder Mandelcreme, im Reformhaus oder im Bioladen. Diese sind durchweg von guter Qualität und können ebenfalls verwendet werden. Selbstverständlich kann die Nussart der Butterrose dann entsprechend angepasst werden.

MAGENBROT *de luxe*

ZUTATEN

- 130 G ORANGEAT
- 80 G MANDELN
- 1½ TL ANIS
- ½ TL NELKEN
- 100 ML WASSER
- 250 G ZUCKER
- 250 G HONIG
- 800 G MEHL
- 1 EI
- 1 EIWEISS
- 1½ TL ZIMT
- 2½ TL HIRSCHHORNSALZ (IN DER APOTHEKE ERHÄLTLICH)
- 150 ML MILCH

ZUBEREITUNG

Orangeat und Mandeln fein hacken. Anis und Nelken mahlen. Wasser mit Zucker und Honig auf 80 °C erhitzen. Das Mehl zugeben und unterrühren, Orangeat, Mandeln, Zimt, Anis, Nelken und Eier mit der Masse vermischen. Hirschhornsalz in der Milch auflösen, zugeben und alles zu einem Teig kneten. Diesen zu 30 cm langen Stangen mit einem Durchmesser von 2 cm rollen, auf ein mit Backpapier belegtes Blech legen und mit Milch bestreichen.

Bevor die Stangen erkaltet sind, in fingerbreite Stücke schneiden.

BACKEN

Backtemperatur: 210 °C
Backzeit: etwa 12 Minuten

GLASUR

- 600 G ZUCKER
- 200 G WASSER
- 2 ½ EL KAKAOPULVER
- 30 G ABGERIEBENE ORANGENSCHALE
- 30 ML COINTREAU

Zucker mit Wasser aufkochen. Kakaopulver, Orangenabrieb und Cointreau beigeben. Das Magenbrot damit glasieren.

VANILLESAHNE

- 200 G SAHNE
- MARK EINER HALBEN VANILLESCHOTE
- 1 EL ZUCKER

Sahne mit Zucker und Vanillemark steif schlagen. Ausgekühltes Magenbrot mit einem Teelöffel Vanillesahne dekorieren und mit einigen Schokoladenfäden belegen.

Das klassische Magenbrot, eine Spezialität aus Bayern, ohne Vanillesahne in einer Dose aufbewahren. Die Vanillesahne wird erst unmittelbar vor dem Servieren dazugegeben.

Hirschhornsalz – nie gehört? Tatsächlich wird es heute fast nur noch in der traditionellen Weihnachtsbäckerei verwendet, vor allem bei der Zubereitung von Lebkuchen, Pfefferkuchen und Pfeffernüssen. Es lockert den Teig, lässt ihn aber weniger stark aufgehen, sondern eher ein wenig breit verlaufen: genau das Richtige für Lebkuchen & Co. Außerdem verlängert Hirschhornsalz die Haltbarkeit des Gebäcks, es wird im Geschmack sogar noch besser, wenn es eine Weile lagert. Wer Hirschhornsalz zum ersten Mal verwendet, erschrickt vielleicht über den Ammoniak-Geruch. Der ist vollkommen normal, führt aber dazu, dass Hirschhornsalz für Kuchen nicht geeignet ist. Der Geruch verflüchtigt sich beim Backen und hinterlässt nur den typisch würzigen Lebkuchen-Geschmack. Kaufen Sie Hirschhornsalz immer nur in kleinen Mengen (in der Apotheke bekommen Sie es auf jeden Fall) und bewahren Sie es fest verschlossen auf, damit es andere Backzutaten nicht im Geschmack beeinträchtigt.

DIE QUAL DER WAHL:
ERST EINMAL MUSS MAN SICH FÜR EINE DER FÜNF FARBEN UND DIE FÜLLUNG ENTSCHEIDEN!

Macarons sind seit Jahren der größte Trend in der Welt der Konditorei. Die Herstellung ist schwierig und verlangt sehr präzises Arbeiten. Denn dieses Gebäck reagiert äußerst sensibel. Es genügt schon, dass die Mandeln zu grob gemahlen sind, und das Gebäck verliert seine schöne Form. Sollten die Macarons also beim ersten Versuch nicht so herauskommen wie auf den Bildern: nicht verzagen. Sie schmecken allemal wunderbar, auch wenn die Form noch nicht ganz stimmt. Das Aroma der Macarons liegt fast immer in der Füllung.

Macarons

.... NICHT GANZ EINFACH ZU MACHEN. DIE HOHE SCHULE DER BACKKUNST.

Grundrezept für die Herstellung der Macaron-Masse:

EIWEISS VON 5 KLEINEN EIERN
200 G GESCHÄLTE MANDELN, GANZ FEIN GEMAHLEN
360 G PUDERZUCKER
LEBENSMITTELFARBE

Eiweiß langsam zu einem feinporigen Schnee schlagen. Mandeln und Puderzucker mischen und vorsichtig unterheben, bis eine glatte Masse entsteht. Nach Geschmack mit Lebensmittelfarbe einfärben.

Alternatives Grundrezept

(funktioniert besser, ist aber auch schwieriger)

150 G GESCHÄLTE MANDELN, GANZ FEIN GEMAHLEN
150 G PUDERZUCKER
EIWEISS VON 2 KLEINEN EIERN
150 G ZUCKER
3 EL WASSER
EIWEISS VON 2 MITTLEREN EIERN

Mandeln mit dem Puderzucker mischen. Eiweiß von 2 kleinen Eiern mit dem Mandel-Puderzucker-Mischung verrühren. Zucker mit Wasser auf 117 °C kochen. Die Eiweiß der mittleren Eier zu Schnee schlagen und die Zuckerlösung einlaufen lassen. Masse auf 50 °C abkühlen lassen, dann unter die Mandelmischung rühren.

Chai-Latte-Macarons

ZUTATEN

ZUBEREITUNG

FÜLLUNG
250 G WEISSE SCHOKOLADE
250 G SAHNE
40 G CHAI-LATTE-PULVER
2 TL ZIMT

Schokolade in Stücke schneiden. Sahne aufkochen, Chai-Latte-Pulver und Zimt unterrühren. Sahne nach und nach über die Schokolade gießen und kräftig rühren. Die Creme, die dadurch entsteht, nennen die Fachleute Ganache. Diese für etwa 3 Stunden in den Kühlschrank stellen.

MACARONS
GRUNDREZEPT SIEHE SEITE 35
LEBENSMITTELFARBE BRAUN

Das Grundrezept herstellen und mit etwas brauner Lebensmittelfarbe einfärben. Macaronmasse mit dem Spritzbeutel als gleichmäßig kleine, runde Plätzchen auf Backpapier aufspritzen. 30–60 Minuten antrocknen lassen, dann backen.

BACKEN

Backtemperatur: 140 °C
Backzeit: 10 Minuten

Nach dem Auskühlen Macaronhälften vom Papier abheben, mit der Ganache füllen und zusammensetzen.

Macarons à la framboise

ZUTATEN

FÜLLUNG
4 EIER
200 G ZUCKER
150 G HIMBEERPÜREE
300 G WEICHE BUTTER

MACARONS
GRUNDREZEPT SIEHE SEITE 35
LEBENSMITTELFARBE ROT

ZUBEREITUNG

Eier mit Zucker und Himbeerpüree im Wasserbad erwärmen. Dabei ständig rühren, bis eine dickflüssige Creme entsteht. Etwas abkühlen lassen, dann Butter unterrühren. Kräftig mixen, bis eine schöne, glatte Füllung entsteht.

Das Grundrezept herstellen und mit etwas roter Lebensmittelfarbe einfärben. Macaronmasse mit dem Spritzbeutel als gleichmäßig kleine, runde Plätzchen auf Backpapier aufspritzen. 30–60 Minuten antrocknen lassen, dann backen.

BACKEN

Backtemperatur: 140 °C
Backzeit: 10 Minuten

Nach dem Auskühlen Macaronhälften vom Papier abheben, mit der Himbeercreme füllen und zusammensetzen.

Chai-Latte-Macarons

Choco-Menthe-Macarons

Auf die dressierte Teigmasse kann man immer noch nach Lust und Laune Nussstückchen, Pistazien, Mohn, Kokosflocken (oder was man gerade so da hat) aufstreuen.

Vanille-Macarons

Die Macarons behalten ihre runde Form an schönsten, wenn sie auf Silikonbackmatten dressiert und gebacken werden.

Macarons à la framboise

Choco-Menthe-Macarons

ZUTATEN / ZUBEREITUNG

FÜLLUNG
250 G SAHNE
2 EL PFEFFERMINZLIKÖR
250 G DUNKLE SCHOKOLADE
10 STÄNGEL PFEFFERMINZE

Sahne mit grob geschnittenen Pfefferminzblättern aufkochen, abkühlen lassen und über Nacht im Kühlschrank ziehen lassen. Sahne durch ein Sieb gießen, ohne Blätter nochmals erhitzen, Schokolade in Stücke schneiden, Sahne nach und nach über die Schokolade gießen und kräftig rühren. Pfefferminzlikör unter die Creme rühren und für etwa 3 Stunden in den Kühlschrank stellen.

MACARONS
GRUNDREZEPT SIEHE SEITE 35
LEBENSMITTELFARBE GRÜN

Das Grundrezept herstellen und mit etwas Lebensmittelfarbe einfärben. Macaronmasse mit dem Spritzbeutel als gleichmäßig kleine, runde Plätzchen auf Backpapier aufspritzen. 30–60 Minuten antrocknen lassen, dann backen.

BACKEN

Backtemperatur: 140 °C
Backzeit: 10 Minuten

Nach dem Auskühlen Macaronhälften vom Papier abheben, mit der Creme füllen und zusammensetzen.

Es gibt unglaublich viele verschiedene Minzesorten, aber alle haben eines gemeinsam: Ihre Blätter enthalten ätherisches Pfefferminzöl, das für Tee, als Heilmittel und als Gewürz verwendet wird. Der wichtigste Inhaltsstoff ist das Menthol. Wenn die Blätter vor der Blüte im Frühsommer geerntet werden, ist der Mentholgehalt besonders hoch.

Vanille-Macarons

ZUTATEN

ZUBEREITUNG

FÜLLUNG
250 G WEISSE SCHOKOLADE
1 VANILLESCHOTE
250 G SAHNE

Schokolade in Stücke schneiden. Vanilleschote längs halbieren, Vanillemark mit einem Messer aus der Schote streichen und zur Sahne geben. Sahne mit der ausgekratzten Vanilleschote erhitzen, Schote entnehmen und Sahne nach und nach über die Schokolade gießen. Kräftig rühren. Die Ganache für etwa 3 Stunden in den Kühlschrank stellen.

MACARONS
GRUNDREZEPT SIEHE SEITE 35

Das Grundrezept herstellen, Macaronmasse mit dem Spritzbeutel als gleichmäßig kleine, runde Plätzchen auf Backpapier aufspritzen. 30–60 Minuten antrocknen lassen, dann backen.

BACKEN

Backtemperatur: 140 °C
Backzeit: 10 Minuten

Nach dem Auskühlen Macaronhälften vom Papier abheben, mit der Ganache füllen und zusammensetzen.

Schwarz-weiße Knusperbällchen

SCHMECKT IMMER

ZUTATEN

ZUBEREITUNG

WEISSE HIPPENMASSE

80 G BUTTER, ZIMMERWARM
80 G PUDERZUCKER
4 EIWEISS
80 G MEHL

Butter mit Puderzucker glatt rühren. Eiweiß zugeben und gut mischen. Zuletzt das Mehl unterziehen.

SCHOKOLADENHIPPENMASSE

80 G BUTTER, ZIMMERWARM
80 G PUDERZUCKER
4 EIWEISS
60 G MEHL
2 EL KAKAOPULVER

Butter mit Puderzucker glatt rühren. Eiweiß zugeben und gut mischen. Mehl und Kakaopulver mischen und unterziehen.

Beide Massen getrennt mit einem Backkamm auf ein mit Backpapier belegtes Blech aufstreichen.
Nach dem Backen je drei Streifen vom Blech nehmen und zu einer Kugel formen. Diese in eine halbrunde Form zum Auskühlen geben. Trocken lagern.

BACKEN

Backtemperatur: 200 °C
Backzeit: etwa 8 Minuten, die helle Masse sollte sich nur ganz leicht färben.

Die Vanille stammt aus Mittelamerika; dort wurde sie schon genossen, lange bevor die Spanier den südamerikanischen Kontinent eroberten. Die Franzosen waren so begeistert von dem Geschmack, dass sie die Vanille auch in ihren Kolonien anbauen ließen – daher stammt die heute bekannteste Sorte, die Bourbon-Vanille. Vanille ist seit alter Zeit ein begehrtes und kostbares Gewürz – so kostbar, dass man ihr Aroma künstlich nachbaute, um den Genuss für alle erschwinglich zu machen. Doch künstliches Vanillin ist mit natürlicher Vanille wirklich nicht zu vergleichen.

Vanille-Meringue

ZUTATEN

1 VANILLESCHOTE
5 EIWEISS
150 G ZUCKER

ZUBEREITUNG

Vanilleschote längs aufritzen und das Mark herausstreichen. Eiweiß mit 50 g Zucker schaumig rühren. Den restlichen Zucker nach und nach während des Rührens einrieseln lassen, Vanillemark zugeben. Die Masse sehr steif schlagen. Die Meringuemasse mit einem Spritzbeutel auf ein mit Backpapier belegtes Blech etwa 6 cm lang und 3 cm breit aufspritzen oder mit einem Löffel ähnlich große Häufchen aufsetzen.

BACKEN

Backtemperatur: 100 °C
Backzeit: etwa 120 Minuten
(Meringue sollte nur leicht Farbe bekommen)

Vanille-Brezel

ZUTATEN

ZUBEREITUNG

BREZEL
250 G BUTTER, ZIMMERWARM
125 G PUDERZUCKER
MARK EINER VANILLESCHOTE
180 ML SAHNE, FLÜSSIG
400 G MEHL

Butter mit Puderzucker schaumig rühren. Vanillemark und Sahne nach und nach zugeben. Mehl unterrühren. Die Masse in Brezelform auf ein mit Backpapier belegtes Blech aufspritzen. Da das Gebäck beim Abheben vom Backpapier schnell bricht, darauf achten, dass die Formen nicht zu fein sind.

VANILLEMILCHGLASUR
1 VANILLESCHOTE
80 ML MILCH
250 G PUDERZUCKER

Vanilleschote längs aufritzen, das Mark herausstreichen. Milch zusammen mit der ausgekratzten Vanilleschote und dem Vanillemark aufkochen. Puderzucker zugeben und auflösen.

FERTIGSTELLUNG

Die heißen Brezeln nach dem Backen sofort mit Vanillemilchglasur übergießen.

BACKEN

Backtemperatur: 200 °C
Backzeit: etwa 8 Minuten

Es duftet nach ...

In einer geschlossenen
Blechdose aufbewahrt,
hält sich die Meringue
mehrere Wochen.
Toll, wenn überraschend Besuch
zum Cappuccino kommt!

Vanille-Meringue

Vanille-Brezel

Manilo

ZUTATEN

FRISCHER INGWER
300 G ZUCKER
170 G KOKOSRASPEL
30 G MEHL
90 G ANANAS AUS DER DOSE
90 G PASSIONSFRUCHTPÜREE
2 EIWEISS
JE EINE PRISE VANILLE UND NELKENPULVER

ZUBEREITUNG

Ein kleines Stück Ingwer (5-mm-Scheibe) schälen und fein hacken. Zucker, Kokosraspel und Mehl trocken mischen. Ananasscheiben pürieren und zusammen mit Passionsfruchtpüree, Eiweiß, Vanille, Nelkenpulver und Ingwer zugeben und gut mischen. Die Zutaten im Kupferkessel unter ständigem Rühren auf 70 °C erwärmen, etwas abkühlen lassen, dann die Plätzchen mit einem Spritzbeutel mit genügend Abstand mit einer großen Sterntülle auf eine Backmatte aufspritzen. Alternativ kann die Masse auch mit einem nassen Löffel portioniert werden.

BACKEN

Backtemperatur: 180 °C
Backzeit: etwa 15 Minuten, bis die Makronen goldgelb karamellisiert sind.

HEISSE KOMBI: INGWER, KOKOS, ANANAS UND PASSIONSFRUCHT

Ein echter Tropen-Knüller! Verglichen mit herkömmlichen Kokosmakronen ist dieses Gebäck durch die tropischen Früchte weniger süß. Sie sollten es in einer geschlossenen Blechdose aufbewahren.

Ein zarter Hauch

Tuiles

Kleine, typisch französische Plätzchen: les tuiles aux amandes.

Dieses kleine Gebäck kann man in Frankreich im Feinkostladen und in der Bäckerei finden.

Klassisch mit Mandeln, kann man sie auch mit Orangenzesten, Rosenblüten-Aroma oder Pistazien backen. Außerdem sind sie eine gute »Resteverwertung«, wenn Eiweiß übrig geblieben ist. Dieses Rezept ist sehr einfach vorzubereiten und gut geeignet wenn man mit Kindern bäckt: 3 Minuten, um den Teig zu machen, und 4 Minuten Backzeit. Schneller kann es nicht gehen.

Die Tuiles passen perfekt zum Kaffee oder Tee um 16 Uhr.

Traditionell werden die Tuiles in Frankreich mit Ei gebacken. Unsere Rezepte sind leichter und fluffiger, weil wir auf die Zugabe von Ei verzichten.

Diese leichten, trockenen Plätzchen gibt es in allen möglichen Formen, Größen und Aromen. Sie sind vielseitig und können sowohl die Eiscreme schmücken als auch kleine Törtchen.

Die Tuiles sollten sehr dünn ausfallen, sodass sich während des Backens feine Spitzenmuster bilden.

Zudem kann man sie rollen und mit verschiedenen Füllungen als Petit-Fours verwenden. Sind sie groß, kann man die Tuiles als Schale für Eiscreme oder Sorbet umfunktionieren.

Das Grundrezept kann mit einer Vielzahl von Weizensorten gebacken werden. Ihrer Fantasie sind keine Grenzen gesetzt!

SCHOKOLADEN-Pistazien-Tuiles

Die zarten Tuiles müssen sehr trocken gelagert werden.

DREIERLEI TUILES

ZUTATEN

- 140 G BUTTER
- 200 G ZUCKER
- 75 ML MILCH
- 35 G MEHL
- 1 ½ EL KAKAOPULVER
- 60 G KAKAONIBS, KARAMELLISIERT
- 60 G PISTAZIEN, GROB GEHACKT

ZUBEREITUNG

Butter schmelzen, Zucker und Milch unterrühren. Mehl und Kakaopulver sieben und zugeben. Zuletzt karamellisierte Kakaonibs zugeben. Mit einem Spritzbeutel Tupfen auf ein mit Backpapier belegtes Blech aufspritzen. Nach der halben Backzeit Pistazien aufstreuen und fertigbacken.

BACKEN

Backtemperatur: 200 °C
Backzeit: etwa 4 Minuten

Kakaonibs werden aus gerösteten Kakaobohnen hergestellt. Sie werden geschält und in kleine Stücke gebrochen. Diese Stückchen enthalten von sich aus keinen Zucker, geben dem Gebäck aber einen knackig schokoladigen Charakter.

Was wir von Kindheit an als »Kakao« kennen, ist eigentlich im Wesentlichen Zucker, denn reiner Kakao ist eher bitter als süß. Er enthält eine große Menge an gesunden sekundären Pflanzenstoffen und soll angeblich die Liebeslust fördern. Lauter gute Gründe für ein Tässchen heißen »echten« Kakao vor dem Schlafengehen ...

Himbeer-Tuiles

ZUTATEN

- 125 G BUTTER
- 200 G ZUCKER
- 100 G HIMBEERPÜREE
- 60 G MEHL

ZUBEREITUNG

Butter schmelzen, Zucker und Himbeerpüree unterrühren. Mehl sieben und zugeben. Die Tuiles-Masse dünn auf ein mit Backpapier belegtes Blech aufstreichen.

Nach dem Backen noch 1 bis 2 Minuten stehen lassen, dann mit einem Messer mit glatter Klinge Quadrate schneiden. Falls die Tuiles zum Biegen zu fest sind, diese nochmals kurz in den Ofen geben und dann die noch weichen Tuiles in eine halbrunde Backform zum Auskühlen geben.

Variieren Sie das Rezept, indem Sie das Püree austauschen, z.B. durch Maracujapüree, Erdbeerpüree, Litschipüree …

BACKEN

Backtemperatur: 200 °C
Backzeit: etwa 6 Minuten (Tuiles dürfen kaum Farbe nehmen

Orangen-Tuiles

ZUTATEN

- 60 G BUTTER
- 110 G ZUCKER
- 60 ML ORANGENSAFT
- ABGERIEBENE SCHALE VON EINER ORANGE
- 60 G MANDELN, GEMAHLEN
- 30 G MEHL

ZUBEREITUNG

Butter schmelzen. Zucker, Orangensaft, Orangenschalenabrieb, gemahlene Mandeln und Butter miteinander mischen. Das Mehl zugeben und unterrühren. Masse für eine halbe Stunde in den Kühlschrank stellen, dann mittels Schablone auf ein mit Backpapier belegtes Blech aufstreichen.

Falls die Tuiles geformt werden sollen, diese nach dem Backen einige Sekunden stehen lassen, dann in eine halbrunde Backform legen.

BACKEN

Backtemperatur: 200 °C
Backzeit: etwa 6 Minuten

jetzt wird's
fruchtig

Wir mögen sie nicht nur, wir lieben sie. Süsse, saure, heimische und exotische Früchte. An einem grauen Tag spenden sie uns Energie, sind Futter für die Seele, und man kann vieles aus ihnen machen.

Wenn dieses Rezept mit einer sauren Frucht abgeändert wird, z.B. Zitronen, muss die Zuckermenge etwas erhöht werden. Aber sauer macht ja bekanntlich lustig …

LITSCHI Törtchen

HASELNUSSMÜRBETEIG

200 G HASELNÜSSE
250 G BUTTER
200 G PUDERZUCKER
1 PRISE SALZ
3 GROSSE EIER
500 G MEHL

Haselnüsse leicht in der Pfanne rösten, abkühlen lassen und fein mahlen. Butter, Puderzucker und Salz zusammen cremig rühren. Eier nach und nach zugeben. Haselnüsse und Mehl mischen und mit der Masse zu einem Teig kneten. Etwa eine Stunde kühl stellen. Teig 3 mm dick ausrollen, mit gezacktem Ausstecher ausreichend große Plätzchen ausstechen. Gebutterte Tartelettförmchen damit auslegen.

LITSCHI-FLAN

120 G LITSCHIPÜREE
100 G ZUCKER
4 EIER
2 EIGELB
200 ML FLÜSSIGE SAHNE
GEHACKTE MINZEBLÄTTER

Alle Zutaten mischen und in die vorgebackenen Tartelettförmchen füllen.

FERTIGSTELLUNG

FRISCHE LITSCHI
FRISCHE MINZE

Tartelettrand mit Puderzucker bestäuben. Mit halb geschälter Litschi und Minzeblatt garnieren.

Backtemperatur für die Tarteletts: 200 °C
Backzeit: etwa 10 Minuten, sie sollten sehr hell gebacken sein.

Backtemperatur nach dem Füllen: bei 180 °C
Backzeit: 12 Minuten

Sehr trocken lagern!

Dreierlei süße Nachos

HELLE NACHOS

50 G BUTTER
3 GROSSE EIER
35 G ZUCKER
80 ML MILCH
20 G ORANGENLIKÖR, Z. B. COINTREAU
½ TL SALZ
ABGERIEBENE SCHALE VON EINER ZITRONE
500 G MEHL

Butter schmelzen. Eier und Zucker zusammen gut verrühren. Milch, Orangenlikör sowie die flüssige Butter zugeben. Salz, Zitronenabrieb und das Mehl zugeben und zu einem festen Teig kneten. Teig eingepackt im Kühlschrank 1 Stunde ruhen lassen. Den Teig sehr dünn ausrollen. In Dreiecke mit einer Kantenlänge von 6 cm schneiden. Fritteuse auf 180 °C erhitzten, Nachos etwa 4 Minuten frittieren, dann abtropfen lassen.

DUNKLE NACHOS

250 G DUNKLE KUVERTÜRE

Kuvertüre schmelzen, dünn auf eine Plastikfolie ausstreichen. In Dreiecke mit einer Kantenlänge von 6 cm schneiden und sofort über eine Rolle legen. Im Kühlschrank fest werden lassen, dann von der Plastikfolie lösen.

ROTE NACHOS

130 G MANDELN
200 G ROTE JOHANNISBEEREN
300 G ZUCKER
1 EIWEISS
40 G MEHL

Mandeln mahlen, Johannisbeeren pürieren. Alle Zutaten zu einem glatten Teig verrühren. Diesen mit einer Schablone auf ein mit Backpapier belegtes Blech streichen. Die Nachos nach dem Backen lösen und in einer halbrunden Form auskühlen lassen.

Backtemperatur: 200 °C
Backzeit: etwa 10 Minuten

Zum Garnieren eignen sich alle möglichen Zutaten, z.B. frische Himbeeren, gebrochene Karamellblätter, gehackte Pistazien und kleine Kuvertürequadrate. Allerdings kann der Mandelcake auch puristisch, nur mit Himbeerganache, gemacht werden.

Gruss aus dem Garten

Mandelcake mit HIMBEEREN

MANDELCAKE

70 G GEMAHLENE MANDELN, WEISS
220 G ZUCKER
5 EIWEISS
MARK EINER VANILLESCHOTE
100 G MEHL
180 G BUTTER, GESCHMOLZEN

Mandeln, Zucker, Eiweiß und das Vanillemark mischen und schaumig rühren. Das Mehl zugeben. Die flüssige Butter zugeben und mischen. Die Masse in kleine ovale Silikonformen einfüllen.

HIMBEERGANACHE

130 G HIMBEERPÜREE
280 G WEISSE KUVERTÜRE

Himbeerpüree und weiße Kuvertüre einzeln auf 32 °C erwärmen. Kuvertüre zum Püree geben und mit dem Stabmixer zu einer homogenen Masse mischen. Falls die Masse zu flüssig ist, kurz kühlstellen. Ganache mit einem Spitzbeutel auf die Mandelcakes aufspritzen.

Backtemperatur: 230 °C
Backzeit: etwa 15 Minuten. Sofort aus der Form kippen.

TOLLE FRÜCHTCHEN

CHERRY *Heart*

Den Orangenlikör, der zum Marinieren gebraucht wurde, nicht wegschütten, sondern zum Backen oder als Zugabe zum Dessert aufbewahren. Sehr lecker!

Das Rezept ergibt etwa 90 Stück. Das heißt, Sie benötigen mehrere Backbleche oder Sie arbeiten direkt auf Backpapier und ziehen dieses dann vorsichtig auf das Blech.

- 500 G FRISCHE KIRSCHEN (ODER 1 GLAS KIRSCHEN, 680 G FÜLLMENGE)
- 200 ML ORANGENLIKÖR
- 500 G MANDELN OHNE HAUT
- 5 EIWEISS
- 500 G ZUCKER
- ABGERIEBENE SCHALE VON 2 ZITRONEN
- 100 G MANDELBLÄTTCHEN

Frische Kirschen entsteinen oder Kirschen aus dem Glas gut abtropfen lassen. Kirschen mehrere Tage in Orangenlikör marinieren. (Früchte sollten komplett bedeckt sein.) Kirschen abtropfen lassen. Mandeln mahlen. Eiweiß mit Zucker, Mandeln und Zitronenabrieb zu einer luftigen Masse schlagen. Tupfen der Masse mit dem Spritzbeutel auf ein mit Backpapier belegtes Blech aufspritzen. Kirschen auflegen und mit einem Tupfen Mandelmasse die Kirschen umschließen. Mandelblättchen auflegen, etwas antrocknen lassen, dann backen.

Backtemperatur: 200 °C
Backzeit: etwa 8–9 Minuten, bis die Oberfläche leicht braun wird.

Bali

RÜHRTEIG

200 G BUTTER, ZIMMERWARM
200 G ZUCKER
10 EIWEISS
200 G MEHL

Butter und Zucker verrühren. Eiweiß nach und nach zugeben, sodass eine homogene Masse entsteht. Mehl vorsichtig unter die Masse heben.

ZITRUSFRUCHTEINLAGE

80 G KANDIERTE GRAPEFRUITSCHALEN
170 G KANDIERTE MANDARINENSCHALEN
100 G IN SIRUP EINGELEGTER INGWER

Die Früchte in feine Streifen schneiden.

FERTIGSTELLUNG

Backform (etwa 60 x 9 cm) mit Backpapier auslegen, knapp die Hälfte der Rührteigmasse mit dem Spritzbeutel einspritzen. Die Zitrusfruchteinlage auf der Masse verteilen und mit dem Rest der Masse bedecken.

Backtemperatur: 210 °C
Backzeit: etwa 25 Minuten

Frucht-Zauber

Nach dem Auskühlen in Streifen schneiden.
Sofort essen oder im Gefrierschrank
aufbewahren.

Filo-Apfel-Törtchen

Ein Knüller für die herbstliche Kaffeetafel! Nach dem Backen sofort aus der Form nehmen.

MANDELMASSE
50 G BUTTER, ZIMMERWARM
80 G ZUCKER
40 G MANDELN, GEMAHLEN
1 EI
1 EL CALVADOS
30 G MEHL

80 G ROSINEN
60 ML RUM
500 G FILOTEIG
300 G ÄPFEL
SCHALENABRIEB EINER ZITRONE

Butter, Zucker und Mandeln zusammen schaumig rühren. Eier und Calvados nach und nach zugeben. Das Mehl unterheben.

Rosinen leicht mit kochendem Wasser überbrühen, abgießen und in Rum einlegen. Etwa eine Stunde ziehen lassen. Äpfel schälen und fein hacken. Filoteig in Quadrate, 10 x 10 cm, schneiden, mit flüssiger Butter bestreichen und leicht mit Zucker bestreuen. Vier Lagen Filoteig versetzt aufeinander schichten. Den Teig in runde Silikonbackformen legen.

Mit dem Spritzbeutel etwas Mandelmasse in die Vertiefung spritzen. Fein gehackte Äpfel einfüllen und einige eingelegte Rosinen sowie etwas Zitronenabrieb aufstreuen. Den Filoteig leicht zusammendrücken.

Backtemperatur: 210 °C
Backzeit: etwa 22 Minuten

apple

Mini-Zitronentörtchen

SABLE BRETON

4 EIGELB
160 G ZUCKER
160 G BUTTER, ZIMMERWARM
1 PRISE SALZ
230 G MEHL
3 TL BACKPULVER

Eigelb mit Zucker schaumig rühren. Butter und Salz nach und nach zugeben. Mehl und Backpulver zusammenmischen, unterziehen und alles zu einem weichen Teig verarbeiten. Diesen eine Stunde kühl stellen, dann 5 mm dick ausrollen und Kreise ausstechen. In kleine gebutterte Metallringe (3 cm) oder Silikonformen legen.

ZITRONENCREME

½ BLATT GELATINE
80 G BUTTER
ABGERIEBENE SCHALE VON 2 ZITRONEN
140 G ZUCKER
3 KLEINE EIER
100 ML ZITRONENSAFT (ETWA 2 ZITRONEN)
½ GELATINEBLATT, EINGEWEICHT

Das halbe Gelatineblatt in kaltem Wasser einweichen. Butter in kleine Würfel schneiden. Zitronenabrieb und Zucker mischen. Eier mit dem Zitronenzucker schaumig rühren, den Zitronensaft zugeben und im Wasserbad unter ständigem Rühren auf 82 °C erwärmen.
Masse vom Wasserbad nehmen. Gelatine gut ausdrücken und zugeben. Die Masse unter ständigem Rühren auf 40 °C kaltschlagen, Butterwürfel nach und nach unterrühren, dann die Creme kaltstellen.

FERTIGSTELLUNG

LIMETTENZESTEN

Sable Breton aus den Formen lösen. Die Zitronencreme einfüllen und mit Limettenzesten belegen. Nach Wunsch garnieren.

Backtemperatur: 170 °C
Backzeit: etwa 18 Minuten, sodass sie schön knusprig sind.

zitronig

... MEHR**KORN** ...

Müsli-RIEGEL

ZUTATEN

- 50 G SONNENBLUMENKERNE
- 50 G SESAMKÖRNER
- 80 ML WASSER
- 90 G ZUCKER
- 250 G HONIG
- 50 G KOKOSFETT
- 400 G KNUSPERMÜSLIMISCHUNG
- 200 G TROCKENFRÜCHTEMISCHUNG »SÜSS/SAUER«
- 100 G PREISELBEEREN, GETROCKNET
- 100 G PISTAZIEN

ZUBEREITUNG

Sonnenblumenkerne und Sesamkörner ohne Fett in der Pfanne rösten, dann abkühlen lassen. Wasser mit Zucker aufkochen, Honig zugeben und bis 116 °C weiterkochen. Kokosfett zugeben und schmelzen lassen. Knuspermüslimischung, Trockenfrüchtemischung, Sonnenblumenkerne, Sesamkörner, getrocknete Preiselbeeren und Pistazien zugeben und gut mischen. Die Mischung zwischen Metallstäben (Abstand 8 cm, 1 cm hoch) auf ein mit Backpapier belegtes Blech geben und verstreichen. Auskühlen lassen und danach in 1 cm breite Riegel schneiden.

GESUND UND **LECKER ...**

… sind so ziemlich die sauersten Früchte auf der Welt. Aber sie sind auch prall voll mit Vitaminen und gesunden Bitterstoffen. Ihre Einsatzmöglichkeiten beim Backen sind fast unbegrenzt.

SESAM

… bringt einen Hauch Orient in jede Küche. Das nussige Aroma passt perfekt zu süßen und salzigen Gerichten. Vor dem Backen auf Plätzchen gestreut, entfaltet der Sesam seine ganze geschmackliche Pracht.

PISTAZIEN

… sind nicht nur eine feine Knabberei und bringen mit ihrer kräftig grünen Farbe einen frischen Ton in die Bäckerei. Sie sind auch noch gut fürs Immunsystem, vor allem in der Erkältungszeit.

Falls Sie kein Maracujagelee finden, können Sie es durch feines Aprikosengelee oder Quittengelee sehr gut ersetzen. Dann sollten sie aber auf die Fruchtzugabe verzichten.

Maracuja-kringel

- 100 G BUTTER
- 80 G DUNKLE KUVERTÜRE
- 5 EIWEISS
- 220 G ZUCKER
- 75 G KOKOSRASPEL
- 100 G MEHL

Butter und Kuvertüre getrennt schmelzen. Eiweiß mit Zucker schaumig schlagen, Kokosraspel und Mehl unterheben. Zuerst die Butter, dann die Kuvertüre vorsichtig unterziehen. Die flüssige Masse in Mini-Savarinformen (am besten aus Silikon) einfüllen.

- 300 G MARACUJAGELEE
- 1 MARACUJA

Maracujagelee erwärmen. Maracuja aufschneiden, Fruchtfleisch herauslöffeln und dazugeben. Unterrühren und abkühlen lassen.

Die kleinen Savarins nach dem Backen sofort aus der Form lösen. Maracujagelee mit dem Spritzbeutel in die Vertiefung einfüllen.

Backtemperatur: 230 °C
Backzeit: 15 Minuten

FRUCHTSCHNITTEN

NUSSRIEGEL

- 70 G ORANGEAT
- 200 G HASELNÜSSE
- 140 G MANDELN
- 100 G HONIG
- 150 G PUDERZUCKER
- 2 EL KIRSCHWASSER
- 5 EIWEISS
- ½ TL ZIMT
- ABGERIEBENE SCHALE VON EINER ZITRONE

Orangeat fein hacken und beiseitestellen. 100 g Haselnüsse rösten. Alle Haselnüsse sowie die Mandeln mahlen und mischen. Honig mit Puderzucker und Kirschwasser erwärmen und den Nüssen zugeben. Eiweiß, vorbereitetes Orangeat, Zimt und Zitronenabrieb zugeben und zu einem Teig rühren. Den Teig 1 cm dick ausrollen, 30 Minuten tiefkühlen, dann Rechtecke 1,5 x 5 cm schneiden. Auf ein Backblech legen und 30 Minuten ruhen lassen.

Backtemperatur: 230 °C
Backzeit: etwa 5 Minuten

FERTIGSTELLUNG

- 400 G HELLE KUVERTÜRE
- 400 G TROCKENFRÜCHTE
- 100 G FRISCHE FRÜCHTE (Z. B. PAPAYA ODER MARACUJA)

Nussriegel gut auskühlen lassen. Kuvertüre schmelzen, Nussriegel in die Kuvertüre tauchen und die Früchte sofort auflegen.

Diese lecker-fruchtigen Schnitten sind auch für Genießer geeignet, die Mehl nicht gut vertragen. Für Kinder das Kirschwasser bitte durch Saft ersetzen!

Aprikosen-Törtchen

EINGELEGTE APRIKOSEN

2 VANILLESCHOTEN
1 L WASSER
500 G ZUCKER
400 G GETROCKNETE APRIKOSEN

Vanilleschoten längs aufschneiden. Vanillemark herauskratzen. Wasser, Zucker, Vanilleschoten und Vanillemark zusammen aufkochen. Getrocknete Aprikosen zugeben und kurz aufkochen, abkühlen lassen und 24 Stunden im Kühlschrank stehen lassen.

MÜRBETEIG

200 G BUTTER
100 G ZUCKER
1 EIGELB
1 PRISE SALZ
ABGERIEBENE SCHALE VON EINER HALBEN ZITRONE
300 G MEHL

Butter mit Zucker, Eigelb, Salz und Zitronenabrieb glatt kneten. Mehl zugeben und schnell zusammenkneten. Teig in Klarsichtfolie wickeln und eine Stunde kalt stellen. Teig 3 mm dick ausrollen, mit gezacktem Ausstecher ausreichend große Plätzchen ausstechen, gebutterte Tartelettförmchen damit auslegen.

APRIKOSEN-KARAMELL

300 G EINGEWEICHTE APRIKOSEN
50 G KANDIERTER INGWER
100 G HONIG
250 G ZUCKER
250 ML SAHNE
70 ML VANILLESIRUP (VON DEN EINGELEGTEN APRIKOSEN)
40 G BUTTER

Eingelegte Aprikosen aus dem Sirup nehmen, abtropfen lassen, 300 g abwiegen und pürieren. Kandierten Ingwer ebenfalls pürieren. Honig in einer Pfanne erwärmen. Zucker nach und nach zugeben und zu hellem Karamell schmelzen. Sahne und Vanillesirup zusammen erwärmen, dem kochenden Karamell langsam zugeben. Aprikosen- und Ingwerpüree zugeben. Zuletzt die Butter unterrühren. Den Karamell in die vorgebackenen Mürbeteigtarteletts einspritzen.

FERTIGSTELLUNG

200 G WALNÜSSE
RESTLICHE EINGELEGTE APRIKOSEN

Walnusshälften mit einem Stück eingelegte Aprikose auf dem Karamell platzieren.

Backtemperatur: 200 °C
Backzeit: etwa 13 Minuten für den Mürbeteig, etwa 8 Minuten für den Karamell

Nüsse sind so gesund! Sie liefern wertvolle Vitamine und Mineralstoffe und stärken gerade in den kalten Wintermonaten das Immunsystem. Und dazu schmecken sie auch noch köstlich.

Nussfan!

SICILIA

HASELNUSS-MÜRBETEIG

200 G HASELNÜSSE
250 G BUTTER
200 G PUDERZUCKER
1 PRISE SALZ
3 GROSSE EIER
500 G MEHL

Haselnüsse leicht in der Pfanne rösten, abkühlen lassen und fein mahlen. Butter, Puderzucker und Salz zusammen cremig rühren. Eier nach und nach zugeben. Haselnüsse und Mehl mischen und mit der Masse zu einem Teig kneten. Etwa eine Stunde kühl stellen. Teig 3 mm dick ausrollen, mit gezacktem Ausstecher ausreichend große Plätzchen ausstechen, gebutterte Tartelettförmchen damit auslegen.

Backtemperatur: 200 °C
Backzeit: etwa 11 Minuten, sie sollten fertig gebacken sein.

GANACHE

100 ML SAHNE
70 G ZUCKER
60 ML WASSER
3 EL HONIG
200 G DUNKLE KUVERTÜRE

Kuvertüre hacken. Sahne, Zucker, Wasser und Honig zusammen aufkochen und über die Kuvertüre gießen. Mit dem Stabmixer eine homogene Ganache herstellen. Achtung: Die Ganache sollte bei 40 °C weiterverarbeitet werden.

FERTIGSTELLUNG

100 G CONFIERTE ZITRONENSCHALEN
230 G GIANDUJA (ODER NOUGAT)
SCHOKOLADENKÜGELCHEN (ODER SCHOKOLADENTROPFEN)

Confierte Zitronenschalen fein hacken und auf die Haselnussschalen verteilen. Ganache bei 40 °C mit dem Spritzbeutel darauf verteilen. Schokoladenkugeln aufstreuen.

Haselnüsse wachsen bei uns in Hecken und Gärten, am Waldrand und in Parks. Es macht Spaß, danach Ausschau zu halten. Wenn Sie Haselnüsse kaufen, achten Sie auf Bio-Qualität, es lohnt sich. Denn im Grunde genommen können Sie gar nicht genug davon essen: Haselnüsse sind nicht nur superlecker, sondern auch supergesund. Sie schützen die Nerven, enthalten jede Menge sekundäre Pflanzenstoffe und massenweise Vitamin E.

→ Wer das Lexikon befragt, erfährt: Wie der ursprüngliche Name der Kakaopflanze lautete, ist nicht bekannt. Die Maya nannten sie ka-ka-wa, von dem sich das in vielen heutigen Sprachen verwendete cacao ableitet.

Für die Entstehung des Wortes Schokolade sind die großen Schwierigkeiten der Spanier beim Erlernen der ursprünglichen südamerikanischen Sprachen verantwortlich. Sie passten die Wörter einfach ihrer Sprechweise an. Die Maya nannten die Schokolade chocol haa, die Azteken xocolatl. Die Spanier verbanden daraus chocol (»heiß«) mit atl (»Wasser«). Da sie jedoch »TL« am Ende eines Wortes nicht aussprechen konnten, änderten sie es einfach in »te«. So entstand schließlich das Wort chocolate. Heute werden die Pflanzen und Früchte im Deutschen Kakao (im Englischen »cacao« oder auch »cocoa«) genannt. Nach der Verarbeitung lautet der Name im Deutschen Schokolade (im Englischen, Spanischen und Portugiesischen chocolate).

Schoko-lade

SCHOKOWÜRFEL: DIE BÜHNE, AUF DER EINE WAHRE GESCHMACKS-EXPLOSION INSZENIERT WIRD.

Französisch-deutsche Freundschaft: Sablés (von frz. le sable, der Sand) sind die französische Variante der niedersächsischen Heidesand-Kekse – einem Mürbegebäck. Lediglich drei Zutaten – Butter, Zucker und Mehl – geben den Keksen jene unglaublich mürbe Konsistenz, die ihnen ihren Namen verlieh.

Der Clou ist bei diesen Sablés allerdings das Aufeinandertreffen süß-herber Schokolade mit der salzigen Note des Fleur de Sel. Der feine Salzgeschmack intensiviert nicht nur die schokoladigen Aromen, sondern verschafft ihnen die Bühne, auf der eine wahre Geschmacksexplosion inszeniert wird.

… SPRACHLOS VOR BEGEISTERUNG …

Französische Schokokekse

Schokowürfel

Mürbe Würfel

- 70 g dunkle Kuvertüre
- 2 EL Schwarztee
- 400 g Mehl
- 230 g Zucker
- 2 EL Kakaopulver
- 230 g Butter

Kuvertüre fein hacken. Schwarztee im Mörser fein reiben. Mehl auf eine Arbeitsfläche sieben, Zucker, Kakaopulver, Kuvertüre und Schwarzteepulver zugeben. Kalte Butter in kleine Stücke schneiden und zugeben. Das Ganze mit einem Messer hacken, dann schnell zu einem Teig kneten. Den Teig 1,5 cm dick ausrollen und mindestens eine Stunde kühl stellen. Mit dem Messer in Würfel (Kantenlänge 1,5 cm) schneiden.

Backtemperatur: 190 °C
Backzeit: etwa 10 Minuten

Fertigstellung

- 300 g helle Kuvertüre

Kuvertüre schmelzen, etwa 2 mm dick auf Folie aufstreichen. Etwas fest werden lassen, dann in Quadrate (Kantenlänge 3 cm) schneiden. Wenn die Kuvertüre komplett ausgehärtet ist, Schokoladenquadrate von der Folie nehmen und mit einem Kuvertüretupfen (dafür können die Reste, wie z. B. die Randstücke, nochmals leicht erwärmt werden) zwischen zwei mürben Würfeln fixieren.

FRANZÖSISCHE Schokoladenkekse

- 200 G BUTTER, ZIMMERWARM
- 1 PRISE SALZ
- 220 G PUDERZUCKER
- 4 EIGELB
- 330 G MEHL
- ½ TL BACKPULVER
- 250 G HELLE KUVERTÜRE
- FLEUR DE SEL

Butter mit Salz und Puderzucker schaumig rühren. Eigelb nach und nach zugeben. Mehl und Backpulver mischen, zugeben und kurz unterheben. Den sehr weichen Teig eine Stunde kühl stellen, dann etwa 6 mm dick ausrollen und für einige Minuten tiefkühlen. Mit dem Messer in Rechtecke (5 x 1,5 cm) schneiden. Diese auf ein mit Backpapier belegtes Blech setzen. Nach dem Auskühlen die helle Kuvertüre schmelzen und die Kekse damit überziehen. Wenn die Kuvertüre anfängt, hart zu werden, ein paar Körnchen Fleur de Sel aufstreuen.

Backtemperatur: 170 °C
Backzeit: etwa 25 bis 30 Minuten

Oh lá lá! Diese Kekse müssen sehr knusprig sein, auch im Kern.

Kühl aufbewahren, da die Kuvertüre sonst leicht weich wird.
Ganz besonders »herzig« sieht es aus, wenn auf den Mürbeteig vor dem Ausstechen mit einer Strukturrolle ein Muster aufgebracht wird.

Knusper-Herzen

MÜRBETEIG
350 G BUTTER, ZIMMERWARM
200 G PUDERZUCKER
1 EI
1 EIGELB
500 G MEHL

Zimmerwarme Butter mit Puderzucker zusammen cremig rühren. Ei und Eigelb nach und nach zugeben. Mehl langsam zugeben und zu einem glatten Teig rühren, dann kühl stellen.
Teig 5 mm dick ausrollen. Herzen ausstechen und mit Ei bestreichen.

Backtemperatur: 200 °C
Backzeit: etwa 12 Minuten

KUVERTÜRE MIT SPEKULATIUS
5 SPEKULATIUS-KEKSE
300 G HELLE KUVERTÜRE

Spekulatius in einen Gefrierbeutel geben, mit dem Rollholz zerkleinern und in eine Schüssel geben. Kuvertüre schmelzen, über die Spekulatiuskrümel gießen und vermengen. Masse 2 mm dick auf Folie aufstreichen. Etwas fest werden lassen, dann in Quadrate (Kantenlänge 3 cm) schneiden. Wenn die Kuvertüre komplett ausgehärtet ist, Schokoladenquadrate von der Folie nehmen und mit einem Kuvertüretupfen (dafür können die Reste, z. B. die Randstücke, nochmals leicht erwärmt werden) ein Herz anbringen.

Unschlagbare Kombi: Kaffee und Schoki ...

CAFÉ Gusto

MANDELTEIG
6 EIWEISS
180 G ZUCKER
130 G GEMAHLENE MANDELN, WEISS
ETWAS FEIN GEMAHLENE MANDELN ZUM BESTREUEN

Eiweiß mit 50 g Zucker zu sehr steifem Schnee schlagen. Die restlichen 130 g Zucker mit den gemahlenen Mandeln mischen und vorsichtig unter den Eischnee heben. Backblech mit Backpapier belegen, Schablone auflegen und Masse 4 mm dick aufstreichen. Alternativ mit dem Spritzbeutel Kekse aufspritzen. Mit fein gemahlenen Mandeln bestreuen.

Backtemperatur: 180 °C
Backzeit: etwa 12 Minuten
Trocken lagern.

KAFFEE-KUVERTÜRE
400 G DUNKLE KUVERTÜRE
1 EL SEHR FEIN GEMAHLENER KAFFEE
45 G TUILE, FEIN GEBROCHEN (REZEPT SEITE 50)

Kuvertüre auflösen, Kaffeepulver und Tuilestückchen unterrühren und sofort mit der Gummischablone, die auch für die Mandelkekse verwendet wurde, auf Plastikfolie aufstreichen. Wenn die Kuvertüre fest wird, die Schablone vorsichtig lösen. Schokoblättchen kühl stellen.

Reste der Kaffee-Kuvertüre nochmals erwärmen. Je einen Mandelkeks mit einem Tupfen Kaffee-Kuvertüre auf einem Schokoblättchen fixieren.

Alle lieben COOKIES

Cookies gibt es in allen Variationen. Der Fantasie sind keine Grenzen gesetzt. Ob mit Earl-Grey-Tee, Cranberries, weißer Schokolade oder unterschiedlichen Nüssen: Sie passen einfach immer.

Grundrezept

MEHL
ZUCKER
EIER
PRISE SALZ

Mehl, Zucker und Eier (die genauen Mengen finden sich bei den Einzelrezepten) werden mit einer Prise Salz zu einem Teig verknetet. Aus dem Teig werden Kugeln geformt, die platt gedrückt werden – schon fertig.

Backtemperatur: 200 °C
Backzeit: etwa ca. 10 Minuten, bis sich ein kleiner hellbrauner Rand bildet.

PISTACIO WHITE
CHOCOLATE CHIP COOKIES

BIRCHERMÜSLI-COOKIES
S.26

UNSERE GESÜNDESTEN
CHOCOLATE CHIP COOKIES

Pistacio White Chocolate Chip Cookies

140 G PISTAZIEN
200 G WEISSE KUVERTÜRE
170 G BUTTER, ZIMMERWARM
210 G ZUCKER
½ TL SALZ
2 EIER
260 G MEHL

Pistazien und weiße Kuvertüre grob hacken. Zimmerwarme Butter schaumig rühren, Zucker nach und nach einrieseln lassen. Salz und Eier während des Rührens zugeben. Mehl zufügen. Wenn die Masse für das Rührgerät zu schwer wird, mit dem Löffel weiterarbeiten. Pistazien- und Kuvertürestücke untermischen. 2 Esslöffel des zähen Teigs zu einer Kugel formen, flach drücken und mit genügend Abstand (etwa 2 cm) auf ein mit Backpapier belegtes Blech legen.

Backtemperatur: 200 °C
Backzeit: etwa 11 Minuten, bis sich die Ränder goldbraun färben. Auf einem Gitter auskühlen lassen.

Wer sagt denn, dass Schokoladenfreaks nicht gesund leben? Hier ist der Beweis, dass beides geht! Dieses Gebäck soll nach dem Backen noch feucht sein. Und wem der Geschmack des braunen Rohrzuckers zu intensiv ist, kann die Hälfte durch normalen Zucker ersetzen.

Chocolate Chip Cookies

180 G WALNÜSSE
160 G DUNKLE KUVERTÜRE
160 G HELLE KUVERTÜRE
230 G BUTTER, ZIMMERWARM
360 G BRAUNER ROHRZUCKER
1/2 TL SALZ
2 EIER
330 G MEHL

Walnüsse und Kuvertüren grob hacken. Zimmerwarme Butter schaumig rühren, Rohrzucker nach und nach einrieseln lassen. Salz und Eier während des Rührens zugeben. Mehl zugeben. Wenn die Masse für das Rührgerät zu schwer wird, mit dem Löffel weiterarbeiten. Nuss- und Kuvertürestücke untermischen. 2 Esslöffel des zähen Teigs zu einer Kugel formen, flach drücken und mit genügend Abstand (etwa 2 cm) auf ein mit Backpapier belegtes Blech geben.

Backtemperatur: 200 °C
Backzeit: etwa 12 Minuten. Die Cookies auf einem Gitter auskühlen lassen.

Unsere gesündesten

so schmeckt es uns

Chocolate Chip Cookies

100 G SEHR DUNKLE SCHOKOLADE
50 G MANDELN
50 G WALNÜSSE
100 G BUTTER, ZIMMERWARM
150 G BRAUNER ROHRZUCKER
1 PÄCKCHEN VANILLEZUCKER
1 PRISE MEERSALZ
1 EI
3 EL WASSER
180 G WEIZENVOLLKORNMEHL
1 TL BACKPULVER

Schokolade, Mandeln und Walnüsse grob hacken. Zimmerwarme Butter schaumig rühren, Rohrzucker und Vanillezucker nach und nach einrieseln lassen. Salz, Ei und Wasser während des Rührens zugeben. Mehl und Backpulver sieben und zufügen. Wenn die Masse für das Rührgerät zu schwer wird, mit dem Löffel weiterarbeiten. Nuss- und Schokoladenstücke untermischen. 1 1/2Esslöffel des zähen Teigs zu einer Kugel formen, flach drücken und mit genügend Abstand (etwa 2 cm) auf Backpapier ablegen.

Backtemperatur: 200 °C
Backzeit: etwa 12 Minuten

… Unglaublich lecker zum Kaffee …

SCHOKOLADENSCHALEN gibt es unter den unterschiedlichsten Namen (Dessertschalen, Schokoladenhohlformen, Petit Four Schalen …) in sehr guter Qualität zu kaufen oder zu bestellen. Natürlich können Sie sie auch selbst gießen. Das ist aber aufwendig, und sie gelingen oft nicht so schön dünn wie die gekauften.

Amaretti

MANDELTEIG
250 G MANDELN, WEISS, FEIN GEMAHLEN
½ TL BITTERMANDEL-AROMA
400 G PUDERZUCKER
4 EIWEISS

Die fein gemahlenen Mandeln mit Bittermandel-Aroma, Puderzucker und Eiweiß mischen und kurz, aber intensiv verrühren. Kleine Tupfen dieser Masse auf ein mit Backpapier belegtes Blech aufspritzen und sofort mit reichlich Puderzucker überstäuben. Eine Nacht stehen lassen, sodass die Oberfläche gut abtrocknet.

Backtemperatur: 240 °C
Backzeit: etwa 4 Minuten, bis sich ein kleiner hellbrauner Rand bildet. Amaretti direkt vom Papier lösen und auf einem Auskühlgitter ablegen.

SIRUP
200 G ZUCKER
200 ML WASSER

Zucker und Wasser auflösen und aufkochen. Etwa fünf Minuten kochen lassen, dann in eine genügend große Schüssel gießen, sodass die Flüssigkeit nur 1 cm hoch steht. Amaretti in den Sirup legen, 1 Minute ziehen lassen, dann auf dem Auskühlgitter abtropfen lassen.

AMARETTO-GANACHE
200 G DUNKLE KUVERTÜRE
200 ML SAHNE
30 G BUTTER, ZIMMERWARM
30 ML AMARETTO (MANDELLIKÖR)

Kuvertüre in kleine Stücke schneiden. Sahne kochen und über die Kuvertüre gießen. Butter und Amaretto dazugeben und mit einem Stabmixer zu einer homogenen Masse rühren.

FERTIGSTELLUNG
SCHOKOLADENSCHALEN

Schokoladenschalen auslegen, mit Amaretto-Ganache füllen und einen getränkten und abgetropften Amaretti-Keks auflegen. Eventuell nochmals mit Puderzucker bestäuben.

Südsee TRAUM

KOKOS-DACQUOISE
5 EIWEISS
200 G ZUCKER
160 G KOKOSRASPEL
30 G MEHL
KOKOSRASPEL ZUM BESTREUEN

Eiweiß mit 80 g Zucker zu Schnee schlagen. Kokosraspel, Mehl und restlichen Zucker (120 g) mischen und vorsichtig unter den Schnee heben. Die Masse mit Hilfe einer Schablone 4 mm dick auf Backpapier aufstreichen und mit Kokosraspeln bestreuen. Schablone vorsichtig abziehen. Falls keine Schablone zur Hand ist, kann die Masse auch mithilfe eines Spritzbeutels aufgebracht werden.

Backtemperatur: 180 °C
Backzeit: etwa 16 Minuten

MARACUJA-GANACHE
75 G MARACUJA-PÜREE
50 ML SAHNE
250 G HELLE KUVERTÜRE

Passionsfrucht-Püree zusammen mit der Sahne auf 32 °C wärmen. Vollmilchkuvertüre auflösen und zugeben. Mit einem Pürierstab zu einer gleichmäßigen Masse rühren.

Die Ganache auf die Hälfte der abgekühlten Böden aufspritzen und mit einem zweiten Kokosboden bedecken.

Backtemperatur: 180 °C
Backzeit: etwa 16 Minuten

Dacquoise werden nicht knusprig gebacken. Sie würden durch die Ganache eh nicht lange knusprig bleiben, und so schmelzen sie richtig schön im Mund.

Keks lolli

KEKSTEIG
180 G BUTTER
8 EIWEISS
370 G ZUCKER
75 G VANILLEPUDDINGPULVER
300 G MEHL
150 ML SAHNE

Butter schmelzen und abkühlen lassen (sie muss zum Verarbeiten noch flüssig sein). Eiweiß mit 70 g Zucker zu sehr steifem Schnee schlagen. 300 g Zucker, Vanillepuddingpulver und Mehl mischen und unter die Schneemasse heben. Abgekühlte, aber noch flüssige Butter und Sahne unter die Masse heben.

DUNKLE MASSE
35 G KAKAOPULVER

300 g der Keks-Masse mit dem Kakaopulver mischen

FERTIGSTELLUNG DER KEKSE

Kleine Kreise der Keks-Masse mit dem Spritzbeutel auf Backpapier aufspritzen. Darauf dunkle Masse aufspritzen.

Den Rest der dunklen Masse etwa 5 mm dick auf Backpapier aufstreichen, backen, auskühlen und in kleine Würfel schneiden.

Backtemperatur: 200 °C
Backzeit: etwa 15 Minuten

FERTIGSTELLUNG DER LOLLIS
300 G DUNKLE KUVERTÜRE
HOLZSPIESSCHEN

Bitterkuvertüre schmelzen, dann tropfenförmig auf eine Plastikfolie aufspritzen. Holzspießchen auflegen und sofort ein Keks und eventuell kleine Kekswürfel auflegen.

Chili-Schoko

Es gibt sehr schöne dekorativ bedruckte Transferfolie im Patisserie-Versand. Eine solche Folie habe ich für das Muster auf der Chili-Schokolade verwendet.

SCHOKOLADENMÜRBETEIG

200 G BUTTER, ZIMMERWARM
120 G PUDERZUCKER
ABGERIEBENE SCHALE VON EINER ZITRONE
1 EI
30 G KAKAOPULVER
270 G MEHL
1 EI ZUM BESTREICHEN

Zimmerwarme Butter schaumig rühren, Puderzucker und Zitronenabrieb zugeben und unterrühren, dann das Ei zugeben. Kakaopulver und Mehl sieben und langsam zu der Masse geben und zu einem Teig mischen. Eine Stunde kühl stellen. Teig 7 mm dick ausrollen, mit einer Strukturrolle oder mit einer Gabel zeichnen. Ei in einer Tasse verquirlen und Mürbeteig damit bestreichen. Mit einem Messer in Streifen (1,5 x 10 cm) schneiden.

Backtemperatur: 200 °C
Backzeit: etwa 12 Minuten

CHILI-SCHOKOLADE

300 G DUNKLE KUVERTÜRE
1/2 TL CHILIPULVER

Schokolade schmelzen, dann das Chilipulver unterrühren. Kuvertüre auf Folie aufstreichen und anziehen lassen. Kurz vor dem Aushärten in Streifen schneiden (0,7 x 5 cm) und komplett aushärten lassen.

FERTIGSTELLUNG

Reste der Chili-Schokolade nochmals erwärmen. Chili-Schokolade mit einem Tupfen flüssiger Schokolade auf der Mürbeteigstange befestigen.

Übrigens: Chilipulver gibt es in ganz unterschiedlichen Stärken. Für die Schokolade empfiehlt sich eine etwas mildere Sorte – außer, die Schokolade ist ein Geschenk für echte »Scharf-Esser«.

Feines Pflümli

GANACHE

220 ML SAHNE
30 G HONIG
250 G DUNKLE KUVERTÜRE
40 G BUTTER, ZIMMERWARM

Sahne mit Honig auf 32 °C erwärmen. Kuvertüre schmelzen und ebenfalls auf 32 °C erwärmen, dann Sahne zugießen und verrühren. Zimmerwarme Butter zugeben, mit dem Stabmixer eine homogene Masse herstellen und 3 Minuten in den Kühlschrank stellen.

FERTIGSTELLUNG

500 G TROCKENPFLAUMEN BESTER QUALITÄT
KAKAOPULVER

Trockenpflaumen auf einer Arbeitsfläche auslegen. Ganache mit einem Spritzbeutel auf die ausgelegten Trockenpflaumen aufspritzen, sodass die Pflaume jeweils fast komplett bedeckt ist.

Das Ganze für 20 Minuten in den Tiefkühler stellen. Restliche Pflaume noch bedecken und nochmals in den Tiefkühler stellen. Vor dem Servieren mit Kakaopulver bestäuben.

Die Qualität der Trockenpflaumen ist entscheidend für diese Praline. Sie müssen sehr saftig sein.

BACKEN MIT VOLLKORN

Vollkornmehle enthalten weniger Stärke und mehr Ballaststoffe (Kleie) als Auszugsmehle. Sie brauchen Zeit zum Ausquellen und bis zu einem Drittel mehr Flüssigkeit.

Es darf nicht zu viel Mehl in den Teig eingearbeitet werden, auch wenn dieser am Anfang zu weich erscheint.

Der Teig sollte bis zur weiteren Verarbeitung mindestens 30 Minuten ruhen, damit das Mehl gut quellen kann.

Wenn Honig anstelle von Zucker verwendet wird, muss berücksichtigt werden, dass Honig rund 17 Prozent Wasser enthält, sodass nicht immer die Flüssigkeitsmenge für den Teig erhöht werden muss.

In den normalen Rezepten kann Weizenmehl Type 405 ganz oder auch teilweise in Vollkornmehl »übersetzt« werden. Auch kann sehr gut Mehl Type 1050 anstelle von Type 405 verwendet werden.

Vollkornmehl lässt sich u. U. einfacher verarbeiten, wenn die Kleie vorher ausgesiebt wird. Diese kann dann später auf den ausgerollten Teig gestreut oder z. B. unters Müsli gemischt werden.

Voll-korn

Jetzt wird's gesund!

→ Nicht nur lecker, sondern auch ausgesprochen gesund: Backen mit Vollkornmehl lohnt sich gleich in doppelter Hinsicht. Denn Vollkornmehl wird aus dem ganzen Getreidekorn hergestellt und enthält all seine lebensnotwendigen Mineralstoffe. Beim klassischen Weizenmehl der Type 405 wird dagegen hauptsächlich der innere Kern des Korns verwendet, während die mineralstoffreichen Schalenteile und der Keim abgetrennt werden.

KAKAO
F.A. OEHLER, ZEITZ

Schokoladen-
Rosetten

Zutaten

50 g sehr dunkle Schokolade
50 ml Milch
250 g Butter, zimmerwarm
125 g Puderzucker aus braunem Rohrzucker
1 Prise Meersalz
1 Päckchen Vanillezucker
325 g Weizenvollkornmehl, fein gemahlen

Zubereitung

Schokolade in der Mikrowelle oder im Wasserbad schmelzen. Milch unter die geschmolzene Schokolade rühren. Butter schaumig rühren, Puderzucker, Meersalz, Vanillezucker und Schokolade unter Rühren nach und nach zugeben. Weizenvollkornmehl mit dem Teigschaber vorsichtig unter die Masse ziehen. Masse mit dem Spritzbeutel in Rosetten auf Backpapier aufspritzen.

Backen

Backtemperatur: 200 °C
Backzeit: etwa 10 Minuten

so simpel!

Wenn Sie keinen braunen Puderzucker bekommen, machen Sie ihn einfach selbst: mit normalem braunem Zucker und dem Zerkleinerer Ihrer Küchenmaschine. Aber bitte legen Sie immer einen Deckel auf, sonst ist Ihre ganze Küche »bepudert«.

MANDEL QUADRATE

ZUTATEN

150 G BUTTER, ZIMMERWARM
200 G BRAUNER ROHRZUCKER
1 TL ZIMT
MEERSALZ
2 GROSSE EIGELB
50 ML MILCH
100 G MANDELBLÄTTCHEN
250 G WEIZENVOLLKORNMEHL

ZUBEREITUNG

Zimmerwarme Butter schaumig rühren, braunen Rohrzucker, Zimt und Meersalz nach und nach unter Rühren zugeben. Eigelb und Milch unterarbeiten und zu einem glatten Teig rühren. Mandelblättchen und Weizenvollkornmehl zugeben und gründlich vermischen. Zu 30 cm langen Stangen (Rechteck: 30 x 3 x 3 cm) formen, in Klarsichtfolie packen und über Nacht in den Kühlschrank stellen. Fingerbreite Plätzchen abschneiden und auf ein mit Backpapier belegtes Blech setzen.

BACKEN

Backtemperatur: 200 °C
Backzeit: etwa. 15 Minuten

NUSSINI

ZUTATEN

200 G HASELNÜSSE
200 G BUTTER
300 G BRAUNER ROHRZUCKER
2 EIER
2 EL MILCH
ABGERIEBENE SCHALE VON EINER ZITRONE
ETWAS GEMAHLENER ZIMT
400 G WEIZENVOLLKORNMEHL
1 MESSERSPITZE BACKPULVER

ZUBEREITUNG

Haselnüsse trocken im mittelwarmen Backofen rösten, abkühlen lassen und fein mahlen. Butter schaumig rühren, braunen Rohrzucker, dann die Eier unter Rühren nach und nach zugeben. Milch, vorbereitete Haselnüsse, Zitronenabrieb, Zimt, Mehl und Backpulver zugeben und zu einem Teig kneten. Teig in Klarsichtfolie packen und über Nacht im Kühlschrank ruhen lassen.
Teig etwa 8 mm dick ausrollen, Rechtecke (3 x 4 cm) schneiden und auf ein mit Backpapier belegtes Blech setzen.

BACKEN

Backtemperatur: 200 °C
Backzeit: etwa 12 Minuten

KNACKIG UND GESUND

Mandeln sind keine Nüsse, sondern das Innere des Steins der Mandelfrucht. Um an sie heranzukommen, muss erst die Frucht und dann die harte Schale des Steins entfernt werden. Aber die Mühe lohnt sich!

Dinkelmehl …

Dinkel (Triticum aestivum subsp. spelta) oder Spelz ist eine Getreideart und ein enger Verwandter des heutigen Weizens. Es gibt sehr viele Mischformen und Übergänge zwischen »modernem« Weizen und Dinkel, weil beide in manchen Regionen gemeinsam angebaut und auch miteinander gekreuzt wurden.

... IST IN UNSEREN BREITEN, VOR ALLEM IN SÜDWESTDEUTSCHLAND, EIN BESONDERS ALTES GETREIDE, DAS IN DEN LETZTEN JAHREN EINE RENAISSANCE ERLEBT. KEIN WUNDER: DINKEL SCHMECKT KRÄFTIGER ALS NORMALER WEIZEN, UND VIELE MENSCHEN VERTRAGEN IHN BESSER. ZUM BACKEN VON BROT UND KUCHEN IST ER BESTENS GEEIGNET, SEINEN CHARME ENTFALTET ER ABER AUCH IN SELBST GEMACHTEN SPÄTZLE.

Dinkel-tropfen

ZUTATEN

100 G DUNKLE KUVERTÜRE
100 G BUTTER, ZIMMERWARM
75 G BRAUNER ROHRZUCKER
MARK EINER HALBEN VANILLESCHOTE
ABGERIEBENE SCHALE VON EINER ORANGE
1 EI
30 ML ORANGENSAFT
225 G DINKELVOLLKORNMEHL

ZUBEREITUNG

Kuvertüre fein hacken. Butter schaumig rühren, braunen Rohrzucker, Vanillemark und Orangenschale zugeben und cremig rühren. Ei und Orangensaft unterrühren. Gehackte Kuvertüre und Dinkelvollkornmehl zugeben und zu einem Teig kneten. Teig einen Tag zugedeckt in den Kühlschrank stellen, dann 6 mm dick ausrollen und Plätzchen in Tropfenform ausstechen. An der breitesten Stelle des Plätzchens eine kleine Kuhle eindrücken und mit Quittengelee auffüllen.

BACKEN

Backtemperatur: 200 °C
Backzeit: etwa 12 Minuten

Biscotti

ZUTATEN

400 g Haselnüsse
150 g Butter, zimmerwarm
400 g brauner Rohrzucker
abgeriebene Schale von einer Zitrone
2 TL Zimt
1 Prise Nelkenpulver
4 Eier
500 g Dinkelvollkornmehl

ZUBEREITUNG

Haselnüsse trocken im mittelwarmen Backofen rösten, abkühlen lassen, dann mittelfein hacken. Butter schaumig rühren, braunen Rohrzucker, Zitronenabrieb, Zimt und Nelken zugeben und cremig rühren. Eier nach und nach zugeben. Haselnüsse und Dinkelvollkornmehl zugeben und vorsichtig zu einem Teig kneten.

Die Masse zu einer rechteckigen Stange formen (2 x 4 x 30 cm) und zugedeckt über Nacht im Kühlschrank ruhen lassen. 5 mm dicke Plätzchen abschneiden und auf ein mit Backpapier belegtes Blech setzen.

BACKEN

Backtemperatur: 220 °C
Backzeit: etwa 15 Minuten

Die knusprigen Vollkorntaler müssen nach dem Auskühlen trocken aufbewahrt werden. Sie sind ein gesunder Genuss und machen außerdem schnell satt, wenn mal keine Zeit für die Mittagspause bleibt.

Vollkorn taler

ZUTATEN

200 G HASELNÜSSE
200 G BUTTER, ZIMMERWARM
200 G BRAUNER ROHRZUCKER
ABGERIEBENE SCHALE VON EINER ZITRONE
2 EIER
350 G WEIZENVOLLKORNMEHL

ZUBEREITUNG

Haselnüsse trocken im mittelwarmen Backofen rösten, abkühlen lassen, dann fein mahlen. Butter schaumig rühren, braunen Rohrzucker, Zitronenabrieb sowie die vorbereiteten gemahlenen Nüsse zugeben und cremig rühren. Die Eier in zwei Etappen zugeben. Weizenvollkornmehl zugeben und vorsichtig zu einem Teig kneten. Teig einen Tag zugedeckt in den Kühlschrank stellen, dann 8 mm dick ausrollen und Plätzchen ausstechen.

BACKEN

Backtemperatur: 200 °C
Backzeit: etwa 12 Minuten

Aprikosen-Blüten

Zutaten

250 g Butter, zimmerwarm
125 g brauner Rohrzucker
Mark von einer halben Vanilleschote
1 Eiweiss
350 g Weizenvollkornmehl

Zubereitung

Butter schaumig rühren, Rohrzucker, Vanillemark und Eiweiß zugeben und cremig rühren. Weizenvollkornmehl zugeben und vorsichtig zu einem Teig kneten. Teig einen Tag zugedeckt in den Kühlschrank stellen, dann 3 mm dick ausrollen und mit einem gezackten Ausstecher (Durchmesser 4 cm) Blüten ausstechen. Bei der Hälfte der ausgestochenen Blüten in der Mitte mit einer runden Tülle einen Kreis ausstechen.

Backen

Backtemperatur: 200 °C
Backzeit: etwa 12 Minuten

Fertigstellung

1 kleines Glas Aprikosenkonfitüre
Puderzucker zum Bestäuben

Caramellini

Zutaten

100 g Butter
150 g brauner Rohrzucker
1 Päckchen Vanillezucker
1 Prise Meersalz
1 EL Birnendicksaft
1 Ei
270 g Dinkelvollkornmehl
1 TL Backpulver

Zubereitung

Butter cremig rühren, Rohrzucker, Vanillezucker, Meersalz, Birnendicksaft und Ei zugeben und cremig rühren. Dinkelvollkornmehl und Backpulver zugeben und zu einem Teig mischen. Teig einen Tag zugedeckt in den Kühlschrank stellen, dann Rollen von 4 cm Durchmesser formen. Die Oberfläche mit Ei bestreichen und sofort in braunem Rohrzucker rollen. 4 mm dicke Plätzchen abschneiden und auf ein mit Backpapier belegtes Blech setzen.

Backen

Backtemperatur: 220 °C
Backzeit: etwa 12 Minuten

Wiener Waffel

Zutaten

250 g Butter, zimmerwarm
160 g brauner Rohrzucker
1 Eigelb
1 Prise Meersalz
1 Päckchen Vanillezucker
70 g Mandeln, gemahlen
350 g Weizenvollkornmehl

Zubereitung

Butter schaumig rühren, Rohrzucker, Eigelb, Meersalz und Vanillezucker dazugeben. Gemahlene Mandeln und Weizenvollkornmehl unter die Masse heben und vorsichtig zu einem Teig kneten.

Teig in Folie einpacken, über Nacht im Kühlschrank lagern.
Den Teig in zwei gleichgroße Teile 4 mm stark ausrollen. Den Teil, der als Deckel dient, in Quadrate à 35 x 35 mm einteilen. Nur markieren, nicht schneiden, dann mit Ei bestreichen und mit gehobelten Mandeln bestreuen. Mandeln etwas andrücken, damit sie besser halten.

Backen

Backtemperatur: 210 °C, Backofentür geöffnet
Backzeit: etwa 15 Minuten

APRIKOSEN-BLÜTEN

Nach dem Auskühlen die Deckel leicht mit Puderzucker bestäuben. Den Boden mit Aprikosenkonfitüre bestreichen, den Deckel aufsetzen und leicht andrücken.

CARAMELLINI

KREATIV UND KÖSTLICH ...

WIENER Waffel

Sofort nach dem Backen die untere Lage mit Aprikosenkonfitüre bestreichen, den Deckel auflegen und leicht andrücken. Die Wiener Waffeln einen Tag stehen lassen, bevor sie geschnitten werden.

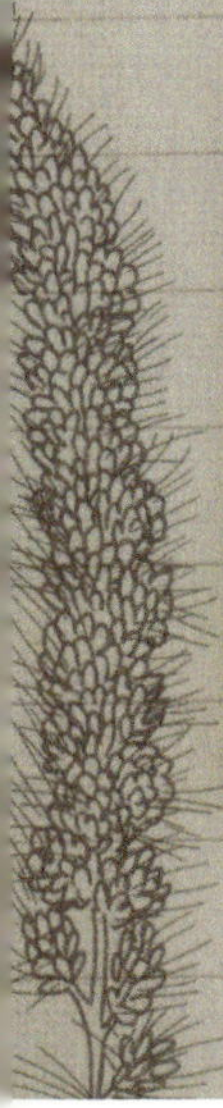

CHRÄBELI

ZUTATEN

- 250 G BRAUNER ROHRZUCKER
- 2 GROSSE EIER
- 100 ML WASSER
- 1 PRISE HIRSCHHORNSALZ
- 300 G WEIZENVOLLKORNMEHL
- 2 TL ANIS

ZUBEREITUNG

Braunen Rohrzucker und Eier gut vermischen. Kochendes Wasser zugeben und die Masse schaumig rühren. Hirschhornsalz einstreuen. Die Masse vorsichtig mit dem Vollkornmehl und dem Anis vermischen, dann zugedeckt etwa 1 Stunde stehen lassen. Teig zu Stangen, Durchmesser 8 mm, rollen. Mit dem Messer im gleichmäßigem Abstand zweimal schräg einschneiden, dann abschneiden. Wenn der komplette Teig verarbeitet ist, die Teigstücke leicht biegen und auf Backpapier absetzen. Die Teiglinge mehrere Stunden antrocknen lassen.

BACKEN

Backtemperatur: 160 °C
Backzeit: etwa 6 Minuten

Die Chräbeli sollten im Inneren noch schön feucht sein. Wenn sie komplett ausgekühlt sind, lagert man sie am besten in einer Blechdose – und gibt nur guten Freunden etwas davon ab.

FLORENTINI

ZUTATEN

MAILAENDER TEIG

110 G BUTTER, ZIMMERWARM
110 G BRAUNER ROHRZUCKER
1 PRISE MEERSALZ
1 EI
250 G WEIZENVOLLKORNMEHL
1 MESSERSPITZE BACKPULVER

ZUBEREITUNG

Butter cremig rühren, Rohrzucker, Meersalz und Ei zugeben. Weizenvollkornmehl mit Backpulver unter die Masse heben und vorsichtig zu einem Teig kneten. Teig in Folie einpacken, über Nacht im Kühlschrank lagern.

Teig halbieren und je 3 mm dick ausrollen. Je ein Quadrat, 30 x 30 cm, schneiden.

BACKEN

Backtemperatur: 160 °C
Backzeit: 1. Quadrat etwa 15 Minuten
Backzeit: 2. Quadrat etwa 8 Minuten
(nur hell anbacken)

royales Gebäck!

Namensgeber für dieses feine Gebäck ist die italienische Stadt Florenz, wo das Rezept ursprünglich entstand.
Florentiner waren das traditionelles Weihnachtsgebäck in vielen Gegenden Süddeutschlands. Mittlerweile wird der Florentiner aber gerne zur Teezeit gereicht.

Florentiner sind ein flaches Gebäck aus einer knusprig gebackenen Röstmasse mit Mandeln oder Nüssen. Zusätzlich können sie kandierte Früchte (beispielsweise Orangeat, Zitronat) und Honig enthalten.

Die Unterseite oder der Rand können mit Kuvertüre überzogen werden.

ZUTATEN

FLORENTINER MASSE

- 75 ML SAHNE
- 15 G BUTTER
- 75 G HONIG
- 70 G MANDELN, GEHOBELT ODER GESTIFTELT
- 30 G ORANGEAT, FEIN GEHACKT

ZUBEREITUNG

Sahne mit Butter und Honig bis 107 °C kochen. Mandelblättchen oder -stifte und Orangeat zugeben. Die Masse auf dem hell angebackenen Quadrat verteilen, dann fertigbacken.

BACKEN

Backtemperatur: 180 °C
Backzeit: etwa 12 Minuten

KARAMELL-GANACHE

- 100 G BRAUNER ROHRZUCKER
- 300 ML SAHNE, WARM
- 50 G BUTTER
- 300 G SEHR DUNKLE SCHOKOLADE, GEHACKT

Braunen Rohrzucker goldgelb schmelzen. Warme Sahne nach und nach zugeben und zu einem Karamell kochen. Butter und gehackte Schokolade unterrühren, bis eine homogene Masse entsteht.

Die Ganache sofort auf dem zuerst gebackenen Quadrat verstreichen. Florentiner-Quadrat auflegen und leicht andrücken.

Einige Stunden stehen lassen. 3 x 3 cm große Quadrate schneiden.

WALNUSS KEKSE

ZUTATEN

75 G BUTTER
125 G BRAUNER ROHRZUCKER
1 EI
1 PRISE MEERSALZ
1 EL RUM
175 G DINKELVOLLKORNMEHL
100 G WALNÜSSE, GEMAHLEN

Fertigstellung

1 EI ZUM BESTREICHEN
WALNUSSVIERTEL ZUM BELEGEN

ZUBEREITUNG

Butter schaumig rühren, Rohrzucker, Ei, Meersalz und Rum zugeben. Dinkelvollkornmehl und gemahlene Walnüsse dazugeben und zu einem Teig mischen. Diesen in Klarsichtfolie einpacken und mehrere Stunden im Kühlschrank lagern. Rollen mit 5 cm Durchmesser formen, kühl stellen, dann 4 mm dicke Scheiben abschneiden. 1 Ei verquirlen, die Plätzchen damit zweimal bestreichen. Mit einer Walnusshälfte belegen.

BACKEN

Backtemperatur: 200 °C
Backzeit: etwa 10 Minuten

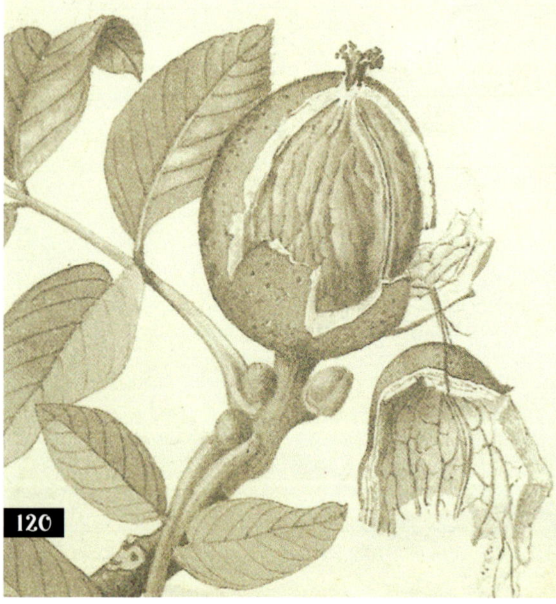

sweet things

from my kitchen

die Weihnachts-zeit ist da!

... mit feinen Gewürzen

... mit Schokolade

... mit Nüssen

So nehmet denn Christkindleins Gruß,
Kuchen und Äpfel, Äpfel und Nuss;
probiert einmal von seinen Gaben.
Morgen sollt ihr was Besseres haben.
Dann kommt mit seinem Kerzenschein
Christkindlein selber zu euch herein.
Heut hält es noch am Himmel Wacht;
nun schlafet sanft, habt gute Nacht.

(Theodor Storm)

Zimt STERNE

Zutaten

500 G MANDELN, FEIN GEMAHLEN
400 G FEINER ZUCKER
3 GROSSE EIWEISS
100 G PUDERZUCKER
2 TL ZIMT

Zubereitung

Mandeln mit Zucker mischen. Eiweiß zugeben und unterrühren. Puderzucker und Zimt zugeben und zu einem Teig mischen. Diesen 8 mm dick ausrollen und ins Tiefkühlfach stellen.

Eiweißglasur

3 EIWEISS
500 G PUDERZUCKER

Zubereitung

Eiweiß mit Puderzucker leicht schaumig rühren. Masse auf den gefrorenen Teig streichen. Nochmals kurz tiefkühlen, dann die Zimtsterne ausstechen. Dafür einen Ausstecher in heißem Wasser erwärmen.

Die Sterne vor dem Backen etwas antrocknen lassen.

Backen

Backtemperatur: 230 °C, KEINE UMLUFT
Backzeit: WENIGE MINUTEN. GLASUR DARF SICH NICHT VERFÄRBEN.

Sofort vom Blech nehmen, damit die Zimtsterne weich bleiben. In einer Dose aufbewahren. Zimtsterne enthalten kein Mehl. Sie sind also das ideale Weihnachtsgebäck für alle, die Weizenmehl schlecht vertragen.

Zimt, Zucker und 'ne Prise Liebe

BRUNSLI

Brunsli sind eine Schweizer Weihnachtsgebäckspezialität! Sie dürfen nur leicht gebacken sein, der Kern muss weich bleiben.

In einer Dose aufbewahren.

Zutaten

275 G DUNKLE KUVERTÜRE
1 KG MANDELN, FEIN GEMAHLEN
200 G PUDERZUCKER
700 G ZUCKER
6 EIWEISS
20 ML ORANGENLIKÖR, Z. B. COINTREAU
200 G KAKAONIBS

Zubereitung

Kuvertüre im Wasserbad schmelzen. Gemahlene Mandeln mit Puderzucker mischen. Mit der aufgelösten dunklen Kuvertüre, Zucker, Eiweiß und dem Orangenlikör verrühren. Kakaonibs zugeben und alles zu einem Teig kneten. Diesen kühl stellen, dann 1 cm dick ausrollen und in Quadrate schneiden.

Backen

Backtemperatur: 240 °C
Backzeit: ETWA 3 MINUTEN

Milla Vanilla

Auszeit für die Seele

Zutaten

250 G BUTTER, ZIMMERWARM
125 G PUDERZUCKER
MARK EINER VANILLESCHOTE
180 ML SAHNE
400 G MEHL
KIRSCHKONFITÜRE ZUM DEKORIEREN

Zubereitung

Zimmerwarme Butter mit Puderzucker schaumig rühren. Vanillemark und Sahne nach und nach zugeben. Mehl zugeben und glatt rühren. Masse in kleine Silikon-Savarinformen einspritzen.

Sofort nach dem Backen die Savarinvertiefung mit Kirschkonfitüre auffüllen.

Backen

Backtemperatur: 200 °C
Backzeit: ETWA 10 MINUTEN

Für viele Leute sind Vanillekipferl das absolute Lieblings-Weihnachtsgebäck. Sie eignen sich auch gut zum Verschenken und sehen immer hübsch aus.

Die fertigen Kipferl mit Vanillezucker bestreuen.

Vanille Kipferl

Zubereitung

Die zimmerwarme Butter mit Puderzucker, Vanillezucker und Meersalz schaumig rühren. Gemahlene Mandeln zugeben und mit Weizenvollkornmehl zu einem Teig mischen. Teig in Folie einpacken und mehrere Stunden kühl stellen. Teig 2 mm dick ausrollen und im Kühlschrank fest werden lassen. 3 cm breite Teigstreifen schneiden, diese wiederum 1,5 cm breit schneiden. In der Hand zu Kipferl drehen, diese auf ein mit Backpapier belegtes Blech setzen.

Zutaten

200 G BUTTER, ZIMMERWARM
100 G PUDERZUCKER AUS BRAUNEM ROHRZUCKER
2 TL VANILLEZUCKER
1 PRISE MEERSALZ
100 G MANDELN, GEMAHLEN
300 G WEIZENVOLLKORNMEHL, EXTRA FEIN GEMAHLEN

Backen

Backtemperatur: 200 °C
Backzeit: ETWA10 MINUTEN, BIS DER RAND SICH LEICHT BRAUN FÄRBT

PISTAZIEN-BÄUMCHEN

Zutaten
300 G BUTTER, ZIMMERWARM
225 G ZUCKER
125 G PISTAZIEN, FEIN GEMAHLEN
100 G MANDELN, FEIN GEMAHLEN
2 KLEINE EIWEISS
300 G MEHL

PISTAZIEN, FEIN GEMAHLEN, ZUM BESTREUEN

Zubereitung
Butter mit Zucker sowie Pistazien- und Mandelmehl schaumig rühren. Eiweiß zugeben. Mehl vorsichtig unter die Masse heben. Masse in Form eines Baumes auf Backpapier aufspritzen und mit gemahlenen Pistazien bestreuen.

Fertigstellung
APRIKOSEN- ODER PASSIONSFRUCHTKONFITÜRE

Zwischen zwei Bäumchen Aprikosen- oder Passionsfruchtkonfitüre streichen und zusammensetzen.

Backen
Backtemperatur: 210 °C
Backzeit: ETWA 10 MINUTEN

Die grünen Pistazienfrüchte erfreuen uns mit ihrem feinen, nussigen Geschmack, obwohl sie eigentlich gar keine Nüsse sind. Sie stammen aus dem Nahen Osten und werden dort schon seit Urzeiten von den Menschen gesammelt und genossen. Nach Deutschland werden Pistazien hauptsächlich aus Griechenland, der Türkei und den USA importiert. Doch so sehr wir die Früchte lieben, die für eine gute Mozartkugel ebenso unverzichtbar sind wie für eine gute Mortadella – der Baum gehört heute fast schon zu den gefährdeten Arten und steht auf der Roten Liste. Weil der Anbau von Pistazien nicht besondes lukrativ ist, werden immer mehr Bäume gefällt oder nicht mehr gepflegt.

Spekulatius

Zubereitung

Rohzucker, Butter, Zucker, Zimt und Salz mischen, aber nicht schaumig schlagen. Eigelb und Milch zugeben. Mehl und Backpulver zugeben und zu einem Teig kneten. Diesen 5 mm dick ausrollen. Kurz in den Gefrierschrank stellen, dann die gewünschte Form zuschneiden.

Alternativ:

Teig 3 mm dick ausrollen und in leicht bestäubte Spekulatiusform drücken.

Zutaten

100 G BRAUNER ROHRZUCKER
100 G BUTTER, ZIMMERWARM
30 G ZUCKER
1 TL ZIMT
SALZ
1 GROSSES EIGELB
3 TL MILCH
200 G MEHL
1 TL BACKPULVER

Spekulatius muss sehr trocken gelagert werden. Allerdings hält er sich schon deshalb nicht sehr lange, weil er immer sofort aufgegessen wird. Schließlich schmeckt die selbst gemachte Variante um Längen besser als alles, was man kaufen kann.

Backen

Backtemperatur: 180 °C BEI GEÖFFNETER BACKOFENTÜR
Backzeit: ETWA 15 MINUTEN

Basler Leckerli

Zubereitung

Orangeat/Zitronat und Mandeln hacken. Honig mit braunem Rohrzucker mischen und im heißen Wasserbad auflösen. Lebkuchengewürz und Muskat zugeben und gut mischen. Orangeat bzw. Zitronat und Mandeln zugeben, Masse abkühlen lassen. Natron in Kirschwasser auflösen und unterrühren. Mit dem Dinkelvollkornmehl zu einem Teig mischen.

Den Teig sofort auf ein 36 x 40 cm großes Blech streichen.
Einige Stunden zugedeckt stehen lassen und erst danach backen.

Zutaten

75 G ORANGEAT UND/ODER ZITRONAT
75 G MANDELN
150 G HONIG
150 G BRAUNER ROHRZUCKER
50 ML WASSER
50 G LEBKUCHENGEWÜRZ
1 MESSERSPITZE MUSKAT
1 TL NATRON
50 ML KIRSCHWASSER
350 G DINKELVOLLKORNMEHL

Backen

Backtemperatur: 220 °C
Backzeit: ETWA 15 MINUTEN

Glasur

100 G ZUCKER
50 ML WASSER

Zubereitung

Zucker mit Wasser auf 105 °C aufkochen. Die noch heißen Basler Leckerli direkt mit der Glasur einstreichen und über Nacht stehen lassen, dann in Rechtecke schneiden.

ABSOLUT KULTIG:
pikanter Keks

Viel zu schade, um ihn nur über Nudeln zu streuen: Der Parmigiano hat eine sehr lange Tradition. Historische Quellen belegen, dass er in der Ursprungsregion seit mindestens 800 Jahren in nahezu unveränderter Form hergestellt wird. Der Parmigiano Reggiano wird heute in mehreren Provinzen Oberitaliens produziert. Die Herstellung wird durch den Consorzio del Formaggio Parmigiano Reggiano überwacht, dem 512 Molkereien mit 5480 Milchproduzenten angeschlossen sind. Heute werden jährlich an die drei Millionen Laibe dieses Käses produziert. Das ergibt, bei einem Durchschnittsgewicht von 39 kg pro Käse, an die 114.000 Tonnen. Davon gelangen ungefähr 18 Prozent in den Export, der Rest wird in Italien konsumiert.

Parmigiano

mit Käse

Greyerzer

Sbrinz

Das erste Mal urkundlich erwähnt wird der Greyerzer Käse im Jahr 1113. Damals lieferten die Grafen von Greyerz Käse an die Abtei Rougemont, aber wir wissen nicht sicher, ob er schon dem heutigen Greyerzer entsprach. Der französische Name Gruyère ist erst im 17. Jahrhundert belegt. In beiden Fällen ist heute der Käse gemeint, der in der Umgebung der Stadt Greyerz im Kanton Fribourg und in einigen weiteren Kantonen hergestellt wird. Er ist als AOC geschützt. Als idealer Käse für Fondue und alle möglichen Gratins ist er heute ganz besonders beliebt bei Genießern in aller Welt.

Auch der Sbrinz ist ein »alter Käse«. Schon im 16. Jahrhundert wurde in der Stadt Brienz im Berner Oberland der Käse für den Transport nach Italien gesammelt. Und eine Käsesorte wurde von den Italienern als »lo sbrinzo« bezeichnet. Bis heute entsteht der Sbrinz aus bester Rohmilch und nach einem traditionellen Herstellungsverfahren, das streng kontrolliert wird. Nur dreißig ausgesuchte Tal- und Alpkäsereien in der Innerschweiz dürfen diesen Käse herstellen. Neben ausschließlich natürlichen Zutaten braucht der Sbrinz vor allem eines: viel, viel Zeit. Er reift zwei Jahre und wird dabei immer aromatischer und würziger. Zum Genuss wird er oft einfach nur in kleinen Stücken vom Laib abgebrochen, gehobelt oder gerieben.

Käse häppchen

Rezept ergibt 60 Stück

ZUBEREITUNG Milch, Stärke, Salz und Käse miteinander mischen. 2 Minuten stehen lassen. Gut durchrühren, dann Sahne darunterziehen, Mehl vorsichtig unterheben.
Die Masse mithilfe einer Schablone dünn auf Backpapier aufstreichen. Cayennepfeffer, Muskat und gehackte Chilifäden aufstreuen.

ZUTATEN
100 ml Milch
75 g Stärke
80 g Sbrinz oder Bergkäse, gerieben
1 TL Salz, Pfeffer
370 ml Sahne, schwach geschlagen
100 g Mehl
Cayennepfeffer
Muskat
Chilifäden, gehackt

BACKEN
BACKTEMPERATUR: 170 °C
BACKZEIT: ETWA 12 MINUTEN
(KNUSPRIG BACKEN)

ZUBEREITUNG Gewürzmischung aus Cayennepfeffer, schwarzem Pfeffer, Knoblauchpulver, geriebener Muskatnuss und Fleur de Sel herstellen. Den Blätterteig antauen lassen, die einzelnen Blätter leicht anfeuchten, übereinanderschichten und andrücken, aber auf keinen Fall kneten. Dann 3 mm breite Streifen abschneiden. Diese beidseitig in Zucker wenden und auf Backpapier absetzen. Wenn die Unterseite einen gelben Rand bekommt, den Fächer mit einem Spatel umdrehen. Gewürzmischung aus Cayennepfeffer, schwarzem Pfeffer, Knoblauchpulver, Muskat und Fleur de Sel aufstreuen. Goldbraun fertig backen.

FÄCHER, SÜSS PIKANT
Cayennepfeffer
Schwarzer Pfeffer
Knoblauchpulver
Muskatnuss, gerieben
Fleur de Sel
1 Paket TK-Blätterteig
Zucker

BACKEN
BACKTEMPERATUR: 220 °C
BACKZEIT: ETWA 8 MINUTEN

GRISSINI mit Parmesan

Rezept ergibt 60 Stück

GRISSINI
500 g Mehl
1 P. Trockenhefe
250 ml Wasser, lauwarm
2 EL Olivenöl
1 TL Salz

BACKEN
BACKTEMPERATUR: 200 °C
BACKZEIT: ETWA 7 MINUTEN
(die Grissini sollten noch nicht komplett gebacken sein)

ZUBEREITUNG Mehl in eine Schüssel sieben, Trockenhefe, Salz, Wasser und Olivenöl zugeben und zu einem Teig kneten. Abgedeckt etwa eine halbe Stunde ruhen lassen, nochmals durchkneten und 8 mm dick ausrollen. 8 mm dicke Grissinistängel schneiden, mit 3 cm Abstand auf Backpapier legen und nochmals 10 Minuten ruhen lassen.

PARMESAN
2 Eier
1 Prise Salz
250 g Parmesan, fein gerieben
Paprikapulver

BACKEN
BACKTEMPERATUR: 200 °C
BACKZEIT: ETWA 5 MINUTEN. AM BESTEN WARM SERVIEREN.

Eier mit Salz schaumig rühren. Fein geriebenen Parmesan unterziehen. Käsemasse im oberen Teil der Grissini verteilen, mit Paprika bestreuen und fertig backen.

Bella Italia

Rezept ergibt 60 Stück

ZUBEREITUNG Butter schaumig rühren. Das Ei zugeben. Senf, Paprika, Salz, Cayennepfeffer, geriebenen Käse unterrühren. Mehl zugeben und kurz mischen. Käsemürbeteig in Quadrate, 4,5 x 4,5 cm, schneiden.

KÄSEMÜRBETEIG
100 g Butter
1 Ei
2 EL Senf
1 TL Paprika
1 TL Salz
Cayennepfeffer
100 g Sbrinz oder Bergkäse, gerieben
150 g Gruyère-Käse, gerieben
175 g Mehl

BACKEN
BACKTEMPERATUR: 200 °C
BACKZEIT: ETWA 15 MINUTEN

ZUBEREITUNG Alle Zutaten pürieren, bis eine gleichmäßige Masse entsteht.

FEIGENFÜLLUNG
200 getrocknete Feigen
8 EL etwas Wasser
1 EL Zucker
Etwas Vanillezucker
Etwas Zimt

Gorgonzola mit dem Messer in Würfel, 2 x 2 cm, schneiden.
Einen Gorgonzolawürfel auf den Mürbeteig legen, etwas Feigenfüllung aufspritzen und eine halbe Traube auflegen.

AUFLAGE
600 g Gorgonzola
300 g Feigenfüllung
30 blaue Trauben, halbiert

»Feigenfüllung: getrocknete Feigen, etwas Wasser und Zucker im Kutter fein mixen. Mit Vanillezucker und Zimt aromatisieren.«

SCHWEIZER *Käsegebäck*

KÄSEMÜRBETEIG
100 g Butter
1 Ei
2 EL Senf
1 TL Paprika
1 TL Salz
Cayennepfeffer
100 g Sbrinz-Käse oder Bergkäse, gerieben
150 g Gruyère-Käse, gerieben
175 g Mehl
1 Ei zum Bestreichen
Fleur de Sel zum Bestreuen

BACKEN
BACKTEMPERATUR: 200 °C
BACKZEIT: ETWA 15 MINUTEN

ZUBEREITUNG Butter schaumig schlagen, Ei zugeben. Senf, Paprika, Salz, Cayennepfeffer und Käse unterrühren. Mehl vorsichtig unterheben.

Käsemürbeteig 5 mm dick ausrollen, mit einem verquirlten Ei bestreichen und mit Fleur de Sel bestreuen. Quadrate, etwa 4,5 x 4,5 cm groß, schneiden und backen.

PASST GUT DAZU: PEPPADEWS

ZUTATEN
300 ml Sahne
10 g Ingwer, fein gerieben
Limonenzesten
1 Glas Kirschpaprika

ZUBEREITUNG Sahne steif schlagen, fein geriebenen Ingwer zugeben.
Kirschpaprika abtropfen lassen, mit Ingwersahne füllen und auf das Käsegebäck setzen. Mit Limonenzesten garnieren.

Käsestangen

ZUBEREITUNG Zimmerwarme Butter schaumig rühren. Eier nach und nach zugeben. Käse, Sahne, Mehl und Stärkemehl zugeben und kurz mischen. Teig einpacken und einige Stunden kühl stellen, dann 8 mm dick ausrollen und mit dem Messer 8 mm breite und 15 cm lange Streifen schneiden. Teig mit einem verquirlten Ei bestreichen und nach Geschmack mit Sesam, Kümmel oder Käse bestreuen.

ZUTATEN

125 g Butter, zimmerwarm
3 Eier
250 g Sbrinz oder Bergkäse, gerieben
50 ml Sahne, flüssig
175 g Mehl
75 g Stärkemehl
Ei zum Bestreichen
Sesam zum Bestreuen
Kümmel zum Bestreuen
Käse zum Bestreuen

BACKEN

BACKTEMPERATUR: 210 °C
BACKZEIT: ETWA 15 MINUTEN

»Echter Kümmel ist eine Pflanzenart in der Familie der Doldenblütler. Kümmel ist eines der ältesten Gewürze.«

»Sesam ist eine Pflanzenart aus der Familie der Sesamgewächse. Sie ist eine weit verbreitete Kulturpflanze und vermutlich eine der ältesten Ölpflanzen der Welt.«

PESTO HÜTCHEN

ZUTATEN

230 g Butter, zimmerwarm
150 g Pesto aus dem Glas
1 TL Salz
6 Eier
400 g Mehl
50 g Stärkemehl
Gruyère-Käse, gerieben, zum Bestreuen
Cherrytomaten, eingelegt und abgetropft
Basilikumblätter

BACKEN

BACKTEMPERATUR: 220 °C
BACKZEIT: ETWA 12 MINUTEN

ZUBEREITUNG Zimmerwarme Butter und Pestosauce aus dem Glas zusammen schaumig rühren. Salz und Eier nach und nach zugeben. Mehl und Stärkemehl dazugeben und kurz mischen. Die Masse mit einem Spritzbeutel kreisrund aufspritzen. Geriebenen Gruyère-Käse aufstreuen und backen.

Eingelegte, abgetropfte Cherrytomaten auflegen, mit etwas Sauerrahm und einem Basilikumblatt dekorieren.

Lässt sich auch mit rotem Pesto zubereiten.

BLINI *spezial*

ZUBEREITUNG Eier und Salz zusammen schaumig rühren. Milch und Olivenöl zugeben. Mehl mit Backpulver sieben und unterheben. Masse mit Hilfe eines Spritzbeutel in eine geölte heiße Bratpfanne spritzen und goldgelb ausbacken.

BLINI
2 Eier
½ TL Salz
50 ml Milch
3 TL Olivenöl
60 g Mehl
½ TL Backpulver
Öl zum Braten

Glarner Schabziger reiben und zusammen mit der zimmerwarmen Butter schaumig rühren. Kleine Nocken abstechen und auf den ausgekühlten Blini arrangieren. Zum Schluss etwas Schabziger darüberreiben. Kartoffelchip und Schnittlauch als Dekor anbringen.

FERTIGSTELLUNG
100 g Glarner Schabziger (Käsespezialität)
100 g Butter, zimmerwarm
Etwas Glarner Schabziger zum Bestreuen
Schnittlauch zum Garnieren
Kartoffelchips zum Garnieren

Schabziger ist eine nahezu fettfreie Käsespezialität aus dem Alpenkanton Glarus. Sie ist gewürzt mit dem seltenen Zigerklee und dem würzigen Hornklee. Eine wahre Spezialität und durchaus ein würdiger Ersatz für den Kaviar, den man normalerweise mit Blini serviert.

Blini sind eine spezielle Art von Eierkuchen und stammen eigentlich aus Osteuropa. Sie werden als dünne Fladen zubereitet und warm gegessen. Meistens dienen sie als Grundlage für feine Füllungen und Aufstriche. Zum Kaviar sind Blini eigentlich ein Muss.

Törtchen mit Jakobsmuscheln und Pfefferkäse

JAKOBSMUSCHEL
12 Jakobsmuschelnüsschen

PFEFFERKÄSE
100 g Pfeffer-Frischkäse
50 g Sahne, flüssig
Fleur de Sel
Abgeriebene Schale von einer Zitrone

FERTIGSTELLUNG
24 Friandiseschalen
Roter und schwarzer Pfeffer
Einige Mangowürfel

ZUBEREITUNG Das Muschelfleisch halbieren, mit Küchenpapier abtupfen und in Olivenöl von beiden Seiten kurz braten.

Frischkäse mit Sahne, Fleur de Sel und Zitronenabrieb glatt rühren.

Den Pfefferkäse in runde, neutrale Friandiseschalen einspritzen. Gebratene Jakobsmuschel auflegen. Roten und schwarzen Pfeffer sowie einige Mangowürfel auflegen.

Frische Jakobsmuscheln sollten schwer und geschlossen sein. Zum Öffnen legt man die flache Schale nach oben und schneidet mit einem Messer innen an der oberen Schale entlang und klappt dann die flachere Schale hoch. Alle schwarzen Innereien und der Bart werden entfernt. Verwendet werden nur der zylinderförmige, weiße Muskelstrang zwischen den Klappen (das Nüsschen) und der orangerote Rogen. Er gilt als besondere Delikatesse. Sie können ihn kurz in der Pfanne krümelig braten und dann über die Törtchen streuen. Das Fleisch hat einen nussigen, etwas süßlichen Geschmack.

Lachs tatar

Shrimphony

Lachs tatar

ZUTATEN
175 g Lachs
2 g Gelatine
180 ml kaltes Wasser
15 ml Zitronensaft
Salz

ZUBEREITUNG Gelatine in kaltes Wasser einrühren, 3 Minuten stehen lassen, dann auf 40 °C erwärmen. Zitronensaft und Salz unterrühren und zum Gelieren kalt stellen. Den Lachs grob hacken und in Halbkugelformen mit 4 cm Durchmesser füllen. Mit dem Zitronengelee auffüllen und kühl stellen.

FRISCHKÄSE
125 g Frischkäse
40 ml Sahne
5 ml Zitronensaft
Roter Pfeffer
Limettenzesten
Zitronenzesten

Alle Zutaten verrühren.

FERTIGSTELLUNG
Toast
Roter Pfeffer
Limetten- und Zitronenzesten

Aus dem Toastbrot 5 cm große runde Scheiben ausstechen und toasten. Frischkäse auf die Toastkreise aufspritzen, Lachstatar aus der Form drücken und aufsetzen. Mit rotem Pfeffer und je einer Limetten- sowie Zitronenzeste garnieren.

Ergibt etwa 25 leckere Häppchen, die gut zu Champagner, Prosecco oder einem frischen Weißwein passen.

Früher galt der Lachs bei uns als kostbare Delikatesse. Heute ist er dank der Technologie der Aquakultur als Zuchtlachs leicht zu bekommen und wesentlich preiswerter geworden. Achten Sie darauf, Lachs aus nachhaltiger Bio-Zucht (gerade die Norweger sind hier Vorreiter) oder Wildfang-Lachs zu verwenden. Es lohnt sich, nicht nur, was den Geschmack angeht.

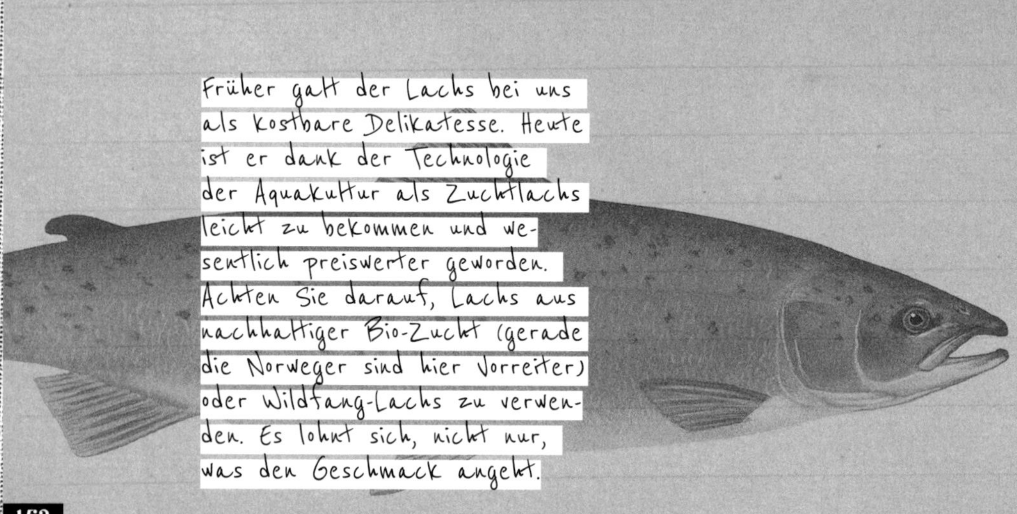

SHRIMPHONY

KÄSE-BRANDTEIG

125 ml Milch
125 ml Wasser
180 g Butter
1 Prise Salz
200 g Mehl
8 Eier
100 g Weichkäse, gerieben oder in kleine Stückchen geschnitten

ZUBEREITUNG Milch mit Wasser, Butter und Salz aufkochen. Mehl zugeben und kräftig rühren, bis sich der Teig vom Topfboden löst. Etwas abkühlen lassen, dann Eier und Weichkäse einrühren und zu einem glatten Teig arbeiten. Tupfen der Masse auf Backpapier aufspritzen.

BACKEN

BACKTEMPERATUR: 200 °C
BACKZEIT: ETWA 20 MINUTEN

MEERRETTICH-FRISCHKÄSE MIT APFEL

250 g Meerrettich-Frischkäse
50 g Mayonnaise
50 g Joghurt
Pfeffer, Salz
60 g Äpfel, fein gehackt
20 ml Cognac oder Calvados

Meerrettich-Frischkäse und Mayonnaise miteinander verrühren. Joghurt, Pfeffer, Salz, fein gehackte Äpfel und Cognac oder Calvados mischen und zugeben.

GARNELEN

230 g Garnelen (gekocht mit Schwanzsegment, tiefgekühlt)
1 Knoblauchzehe, zerdrückt
3 EL Olivenöl
1 EL Zitronensaft
Pfeffer
Zitronenzesten
Schnittlauch

Garnelen auftauen lassen. Aus den restlichen Zutaten eine Marinade herstellen, Garnelen in der Marinade wenden und wenige Minuten braten.

FERTIGSTELLUNG Windbeutelchen halbieren, Käsemasse aufspritzen, eine Garnele dekorativ drapieren und nach Geschmack und Wunsch mit Apfelspalten, Schnittlauch und Zitronenzesten ausgarnieren.

Meeresfrückte sind lecker, meistens kalorienarm und gelten als sehr gesund.

Fondue-tarte

ZUBEREITUNG Butter schaumig rühren, Eigelb und Salz unterrühren, dann das Mehl vorsichtig unterheben. Teig 2 Stunden kühl stellen, dann die gefetteten Tartelettförmchen damit auslegen.

TARTELETTSCHALEN
100 g Butter
1 Eigelb
1 Prise Salz
150 g Mehl

BACKEN
BACKTEMPERATUR: 175 °C
BACKZEIT: ETWA 8 MINUTEN (DIE SCHALEN SOLLTEN HELL ANGEBACKEN SEIN)

FONDUE-BIRNEN-MASSE
150 g Fonduemischung
75 ml Weißwein
1/2 Knoblauchzehe, zerdrückt
Pfeffer, Muskat
50 ml Milch
1 Eigelb
3 TL Kirschwasser
1 kleine Dose Birnen
Paprikapulver
Schnittlauch, in Röllchen geschnitten

BACKEN
BACKTEMPERATUR: 230 °C
BACKZEIT: ETWA 13 MINUTEN

Fonduemischung mit Weißwein, zerdrückter Knoblauchzehe, Pfeffer und Muskat unter ständigem Rühren schmelzen lassen, Pfanne vom Herd nehmen. Milch, Eigelb und Kirschwasser einrühren. Die Masse in Tartelettschalen spritzen. Birnen abtropfen lassen, dann in grobe Würfel schneiden. Diese nach etwa 10 Minuten Backzeit auf der Käsemasse verteilen und weiterbacken.
Mit etwas Paprika und Schnittlauch garnieren.

Foccacia

PIZZATEIG
300 g Mehl, Type 550
170 ml kaltes Wasser
15 g frische Hefe
1 EL Meersalz
2 EL Olivenöl
Etwas Olivenöl zum Bestreichen
Italienische Gewürze

BACKEN
BACKTEMPERATUR:
SEHR HEISSER OFEN, 270 °C
BACKZEIT: ETWA 4 MINUTEN

ZUBEREITUNG Mehl mit kaltem Wasser und Hefe etwa 6 Minuten in der Küchenmaschine zu einem Teig kneten. Salz zugeben und 3 Minuten weiterkneten. Olivenöl zufügen und nochmals 3 Minuten kneten. Teig zugedeckt 15 Minuten ruhen lassen. Teigling dünn ausrollen oder pizzamäßig ausziehen oder »werfen«. Teig mit Olivenöl bestreichen und mit italienischen Gewürzen bestreuen.

Foccacia vierteln und heiß servieren.

Dazu 'nen vino bianco …

Rezeptregister

Impressum

Bildnachweis

ABBILDUNGEN DER PLÄTZCHEN ©Stefan Hobel, Innsbruck S. 5, 10, 11, 13, 14, 15, 16, 18, 20, 23, 25, 26, 27, 28, 29, 30, 31, 33, 42, 45, 49, 52, 57, 58, 61, 62, 63, 64, 65, 66, 67, 68, 69, 70, 71, 73, 74, 78, 79, 82, 85, 88, 89, 92, 93, 94, 96, 97, 99, 103, 105, 106, 109, 110, 115, 116, 118, 119, 119, 121, 125, 126, 128, 131, 133, 134, 136, 139, 139, 141, 142, 143, 144, 145, 146, 147, 149, 150, 151, 154 & 157

RESTLICHE PLÄTZCHEN, SOWIE COLLAGEN ©die basis Gbr, erstellt aus Bildmaterial: © Africa Studio (Fotolia) S. 138 & 139 | © alain wacquier (Fotolia) S. 122 | © B. Wylezich (Fotolia) S. 135 | © barol16 (Masterfile) S. 87 | © barol16 (Masterfile) S. 87 | © barol16 (Masterfile) S. 89 | © barol16 (Masterfile) S. 89 | © BeTa-Artworks (Fotolia) S. 125 | © Bild Mittelamerika Einwohner S. 44 | © blackfoto (Fotolia) S. 140 & 141 | © blende40 (Fotolia) S. 149 | © Bobo (Fotolia) S. 122 | © Brent Hofacker (Fotolia) S. 11 | © Brent Hofacker (Fotolia) S. 55 | © bulashenko (Fotolia) S. 76 & 77 | © Buriy (Fotolia) S. 105 | © by-studio (Fotolia) S. 132 | © Carmen Steiner (Fotolia) S. 156 | © Christian Jung (Fotolia) S. 17 | © Creative images (Fotolia) S. 19 | © Dionisvera (Fotolia) S. 63 | © Dionisvera (Fotolia) S. 133 | © Doris Heinrichs (Fotolia) S. 156 | © Dreadlock (Fotolia) S. 55 | © dream79 (Fotolia) S. 46 | © dream79 (Fotolia) S. 122 | © Dream79 (Masterfile) S. 25 | © Dream79 (Masterfile) S. 38 | © Elena Moiseeva (Fotolia) S. 95 | © Elena Schweitzer (Fotolia) S. 11 | © Elena Schweitzer (Fotolia) S. 10 | © Elena Schweitzer (Fotolia) S. 19 | © Elena Schweitzer (Fotolia) S. 27 | © ElinaManninen (Masterfile) S. 39 | © fotomatrix (Fotolia) S. 9 | © Francesco83 (Fotolia) S. 17 | © fräulein glücklich (Fotolia) S. 108 | © gitusik (Fotolia) S. 68 | © gitusik (Fotolia) S. 86 & 87 | © grafikplusfoto (Fotolia) S. 33 | © Handmade-Pictures (Fotolia) S. 29 | © HandmadePictures (Fotolia) S. 29 | © Heike Rau (Fotolia) S. 108 | © Jack Jelly (Fotolia) S. 97 | © jirkaejc (Masterfile) S. 35 | © jirkaejc (Masterfile) S. 39 | © jirkaejc (Masterfile) S. 100 | © joannawnuk (Masterfile) S. 99 | © Jörg Beuge (Fotolia) S. 108 | © klsbear (Fotolia) S. 126 | © lazyllama (Fotolia) S. 55 | © lidante (Masterfile) S. 31 | © littlestocker (Fotolia) S. 95 | © M.studio (Fotolia) S. 11 | © magdal3na (Fotolia) S. 89 | © Margrit Hirsch (Fotolia) S. 80 | © maryloo (Fotolia) S. 5 | © marylooo (Fotolia) S. 17 | © marylooo (Fotolia) S. 75 | © mimon (Fotolia) S. 76 | © Miroslawa Drozdowski (Fotolia) S. 29 | © moss design (Fotolia) S. 9 | © natalyka (Fotolia) S. 69 | © Natika (Fotolia) S. 37 | © naypong (Fotolia) S. 95 | © nicoe (Masterfile) S. 57 | © photocrew (Fotolia) S. 122 | © pico (Fotolia) S. 5 | © pico (Fotolia) S. 9 | © pico (Fotolia) S. 81 | © pilipphoto (Fotolia) S. 60 | © pisicax (Masterfile) S. 38 | © Popova Olga (Fotolia) S. 122 | © Redphotographer (Masterfile) S. 34 & 35 | © Redphotographer (Masterfile) S. 35 | © Redphotographer (Masterfile) S. 38 & 39 | © Redphotographer (Masterfile) S. 39 | © reinhard sester (Fotolia) S. 29 | © rimglow (Fotolia) S. 125 | © rockpix (Fotolia) S. 84 | © RomainQuéré (Fotolia) S. 5 | © RomainQuéré (Fotolia) S. 9 | © sarahdoow (Fotolia) S. 11 | © shaiith (Fotolia) S. 12 | © Stephanie Frey (Fotolia) S. 55 | © Stephen Gibson (Fotolia) S. 88 | © stockcreations (Fotolia) S. 8 | © stockcreations (Fotolia) S. 110 | © Bauer Syndication (StockFood) S. 122 & 123 | © Blake, Anthony (StockFood) S. 99 | © Corder, Neil (StockFood) S. 102 | © Eising Studio – Food Photo & Video (StockFood) S. 50 & 51, 114 | ©Finley, Marc O. (StockFood) S. 92 | © Kirchherr, Jo (StockFood) S. 145 | © Reavell Creative Ltd. (StockFood) S. 44 | © Schardt, Wolfgang (StockFood) S. 2 | © Schindler, Martina (StockFood) S. 124, 130 | © Setchfield, Neil (StockFood) S. 107 | © Sporrer, Brigitte (StockFood) S. 47 | © Studer, Veronika (StockFood) S. 129 | © tashka2000 (Fotolia) S. 33 | © tashka2000 (Fotolia) S. 92 | © thepiwko (Fotolia) S. 82 | © Tim UR (Fotolia) S. 105 | © TwilightArtPictures (Fotolia) S. 54 & 55 | © Vankad (Fotolia) S. 82 | © Witold Krasowski (Fotolia) S. 132 | © xiquence (Fotolia) S. 31 | © Yeko Photo Studio (Fotolia) S. 5 | © Yeko Photo Studio (Fotolia) S. 62 | © Zerbor (Fotolia) S. 33

DANK DES VERLAGS AN DIE PROBEBÄCKERINNEN:
Julia Fauser, Gerlinde Haller, Eva Merkes, Ute Peters und Silvia Vogel

Impressum

ISBN 978-3-87515-401-6

Rezepte: Franz Ziegler, Richterswil
Konzept und Gestaltung: die basis GbR / Ideenwerk. Kommunikation. Design
Lektorat: Dr. Ulrike Strerath-Bolz, usb bücherbüro, Friedberg in Bayern

Printed in Germany